AF240482

LA VIE BRÈVE
DE KATHLEEN FERRIER

Du même auteur

Clara Haskil, Payot Lausanne, 1975 (couronné par
    l'Académie française en 1976).
Un diable de musicien : Hugues Cuenod, Payot Lau-
    sanne, 1979.
Et après (suite biographique de « Je suis un violo-
    niste raté », par Antoine Goléa), Belfond/Payot
    Lausanne, 1981.
Album Clara Haskil, Payot, 1984.
Scarbo : le roman de Samson François, Van de
    Velde/Payot Lausanne, 1985.
Nadia Boulanger, Payot Lausanne, 1987 (couronné
    par l'Académie des Beaux-Arts de l'Institut de
    France en 1987).
Clara Haskil, Petite Bibliothèque Payot, 1991.

Jérôme Spycket

La vie brève de Kathleen Ferrier

*Préface de
Dame Janet Baker*

Fayard

À la mémoire de Win, qui a permis ce livre

Si grande que fût la cantatrice, l'être humain l'était plus encore.
Neville CARDUS.

Il est des interprètes à ce point aimés du public que les générations se transmettent leur souvenir et que leur art devient intemporel.

Ce souvenir peut se graver en nous du fait d'un drame personnel, d'une maladie ou d'une mort prématurée, comme c'est le cas pour Kathleen : elle nous a quittés trop tôt et nous nous sentons frustrés de tant d'interprétations sublimes qu'elle nous aurait à coup sûr données.

Mais dans mon souvenir il y a bien plus que ce drame : il y a son timbre, sa sonorité. Il y a dans la voix humaine quelque chose qui, émanant de l'âme, touche la nôtre au plus profond ; parce que l'instrument lui-même est indissociable de l'être qu'il habite, notre sensibilité s'ouvre au chant d'une manière toute particulière de par sa qualité originelle. La voix de Kathleen avait une sorte de pouvoir premier, la faculté d'amener l'auditeur à un calme intérieur tel qu'il ne puisse rien perdre de son message.

Parler avec son cœur comme elle le faisait – comme la musicienne qu'elle était le faisait – est chose rare : ce don l'a menée au sommet de ce qu'on peut attendre d'une grande artiste.

Sa présence demeure en nous, dans notre souvenir, avec la même grâce qu'au jour de sa mort.

Janet Baker

Principales étapes de l'itinéraire musical
de Kathleen Ferrier en Grande-Bretagne

Avant-propos

Pourquoi écrire ces lignes ?

Peut-être parce qu'il y a cinquante ans (déjà !) disparaissait Kathleen Ferrier, dans sa rayonnante jeunesse – telle que restera pour toujours son image.

Parce que pendant ce demi-siècle, et pour longtemps encore sans doute, sa voix – cette voix reconnaissable entre toutes dès la première note émise – n'a pas perdu une once de sa force d'émotion pour un public toujours fidèle, et toujours renouvelé.

Parce que son nom, comme ceux des plus grands, a dépassé le cercle restreint des amateurs de musique pour atteindre une notoriété souvent vague, mais réelle.

Parce que, en dehors de son pays natal, c'est en France (où ses disques se vendent plus que partout ailleurs) qu'elle suscite le plus grand élan de quelque chose qui ressemble bien à de l'amour : pour cette fois, quelle belle « exception française » !

Enfin parce qu'un halo de légende entoure désormais son nom, et qu'il mérite d'être mieux connu pour ce qu'il représente : une artiste au sens le plus noble du terme, une artiste rare, mais aussi une femme qui ne l'est pas moins.

Cette légende, elle la doit à la manière dont elle a mené sa carrière, à laquelle rien ne semblait la destiner, et qui fut d'une brièveté telle qu'on en chercherait en vain de comparable, dans toute l'histoire de la voix, qui ait laissé une trace aussi profonde. Seule peut-être la Malibran connut un destin et une gloire égales ; encore que si elle mourut plus jeune encore, à vingt-huit ans, elle avait pu se consacrer dix ans durant à la scène lyrique, la forme la plus spectaculaire du chant – que pour sa part Kathleen Ferrier n'aborda qu'épisodiquement, et avec seulement deux ouvrages.

On pourrait aussi évoquer Maria Callas, sa cadette de onze ans, et son antithèse à peu près parfaite sur tous les plans, dont la carrière débuta peu après la sienne… et qui ne dura guère plus longtemps, si on veut bien oublier l'inexorable et rapide déclin d'une voix devenue comme une caricature, sans rapport avec son éphémère splendeur passée – dans un répertoire, là aussi, exclusivement lyrique.

La carrière de Kathleen Ferrier doit bien davantage à des expressions musicales plus intériorisées, d'ailleurs plus conformes à son tempérament, comme l'oratorio ou le lied : la fulgurance de son succès n'en est que plus remarquable.

Si ses débuts professionnels datent de 1942, dans une Angleterre isolée, tout entière consacrée à sa survie dans un conflit devenu mondial, c'est à la fin de l'été 1947, au Festival d'Édimbourg, qu'elle-même situe le point de départ de sa carrière internationale : le monde musical, qui émerge à peine des horreurs de la guerre, découvre une très belle jeune femme (elle avait trente-cinq ans) dotée d'une voix de contralto incomparable.

À peine a-t-elle le temps de se faire entendre au-delà de quelques frontières et océans, que cette voix rayonnante, riche de toute la fragilité humaine, se tait un soir d'hiver de 1953, à l'issue d'une dramatique représentation de l'*Orphée* de Gluck au Covent Garden de Londres.

Et huit mois plus tard, le souffle qui avait porté cette voix sans faillir dans l'adversité et la souffrance, achèvera de s'éteindre dans la chambre anonyme d'un hôpital londonien...

Édimbourg, septembre 1947, Londres, février 1953 : en à peine plus de cinq ans, quelque cinq cents concerts, représentations ou émissions de radio en Europe et en Amérique du Nord, un petit nombre d'enregistrements, de rares interviews ont suffi pour faire de cette «fille du Lancashire», qu'elle n'avait jamais cessé, ni voulu cesser d'être, une sorte de mythe sur qui le temps ne semble pas avoir prise.

Si son souvenir n'a besoin d'aucune aide pour continuer à vivre, grâce surtout à ses disques constamment réédités, son parcours est assez inattendu pour mériter d'être connu. En vérité cette vie toute droite – sans autre scandale que celui du cancer qui l'emportera, détecté et soigné beaucoup trop tard... – n'est pas de celles qui alimentent les journaux à sensation : un mariage qui n'en fut pas un, un bref espoir affectif sans lendemain, sont les seules ombres à cette existence illuminée par une constante joie de vivre, et de chanter.

Cette rectitude donne sa grandeur à cette vie de courage, que ni les tentations de la gloire, ni les épreuves de la maladie n'ont jamais distraite d'une quête naturelle et continue de la qualité la plus haute. Après sa mort, l'ami qu'était devenu pour elle Bruno Walter aura cette belle expression : « Elle eût souhaité qu'on parlât d'elle "en majeur" tant son esprit était contraire à la plainte et à la pitié. »

Mais comment pourrait-on parler de Kathleen Ferrier autrement qu'« en majeur » ? On chercherait en vain de ces faiblesses, de ces travers, de ces agissements professionnels détestables, si fréquents dans les milieux artistiques, et si souvent embarrassants pour le biographe soucieux de la vérité ! Avec elle, la difficulté serait plutôt d'éviter les superlatifs, et de tomber dans ce qui pourrait ressembler à une hagiographie.

Puissent tous ceux que la voix de Kathleen Ferrier sait émouvoir, découvrir dans ces pages combien cette artiste et cette femme, inséparables dans la noblesse et la simplicité, méritent leur admiration – et aussi cet élan d'affection qu'on ne peut pas ne pas éprouver à les mieux connaître.

J. S.

I

L'enfant du Lancashire

Le 22 avril 1912 naît une petite Kathleen à Higher Walton, un village du Lancashire situé à quelques kilomètres de Blackburn et de Preston – la capitale du comté des Midlands, bordé à l'ouest par la mer d'Irlande, et au sud par le district de Manchester, l'un des centres industriels les plus importants du monde avant la Première Guerre mondiale.

Une plaque commémorative apposée sur la modeste maison de briques du 33 Bank Terrace, rappelle cet événement en précisant son second prénom, Mary, et son nom de famille : Ferrier.

On ne peut s'empêcher alors de se souvenir que deux dates encadrent en quelque sorte celle de cette naissance : Gustav Mahler était mort à Vienne l'année précédente, et l'année suivante allait naître dans un village du Suffolk, le jour de la Sainte-Cécile, un certain Benjamin, qui rendra aussi célèbre dans le monde le patronyme de Britten.

Avec le recul du temps le rapprochement de ces trois noms prend valeur de symbole : rien cependant ne permet alors d'imaginer que ces deux grands compositeurs prendront l'un et l'autre autant d'importance dans la vie qui s'ouvre à cette petite fille, qu'ils vont comme entourer, et porter vers la gloire…

Kathleen est le dernier enfant qu'Alice, à quarante ans, donnera à son mari William Ferrier : l'aînée, Winifred (qui ne sera jamais appelée que «Win»), va avoir huit ans ; Georges a cinq ans. Un garçon mort-né les avait précédés : ce drame avait profondément marqué le jeune couple. Particulièrement Alice, qui avait déjà connu la mort de près : celle, brutale, de sa mère alors qu'elle n'avait encore que quatorze ans. Il lui avait fallu la remplacer pour s'occuper de son frère cadet… puis, plus tard, des trois fils que son père avait eus après s'être remarié.

Ces tâches l'avaient singulièrement mûrie ; mais elles l'avaient aussi contrainte d'abandonner l'école, alors que son rêve d'enfant avait été d'enseigner. Elle en avait fait pourtant un début d'apprentissage à l'institution Saint-Thomas, de Blackburn, où elle payait ses études en apprenant à lire, écrire, et compter aux tout-petits.

Alice (Murray) avait aussi eu le temps d'y rencontrer un tout jeune professeur de dix-neuf ans, William Ferrier : malgré les quelques années qui les séparaient, une amitié était née entre eux, nourrie par des curiosités communes, en particulier la musique, l'une des bases de la culture populaire anglaise d'alors. Ils avaient partagé leurs rêves d'adolescents, se retrouvant à la même chorale et passionnés l'un et l'autre d'opéra. Si William avait reçu une réelle éducation musicale, Alice s'était formée toute seule : elle avait appris à jouer du piano sans professeur et, semble-t-il, très correctement.

Bien qu'ils fussent très différents (lui, calme, pondéré, plutôt conformiste ; elle, vive, fantaisiste, volontiers révoltée) ils étaient très attachés l'un à l'autre, et quand Alice eut atteint ses vingt ans, ils décidèrent de se marier.

Mais faute de moyens suffisants ils durent patienter encore… sept ans avant que William, devenu directeur de la petite école All Saints, de Higher Walton, puisse enfin subvenir aux besoins d'un foyer.

Leur mariage fut célébré au mois d'août 1900. Win naîtra près de quatre ans plus tard, puis Georges trois ans après.

Avec la naissance de Kathleen les problèmes matériels du couple redevinrent sérieux. Mais poussé par sa femme, William avait réussi à se faire nommer directeur de l'école Saint-Paul, à Black-burn, la grande ville proche, où la famille se trans-portera à la rentrée de 1913. C'est au 57 Lynwood Road que Kathleen grandira, au sein d'une famille que ses soucis financiers chroniques n'empêche-ront jamais d'être heureuse.

Kathleen n'a guère plus de deux ans quand la guerre éclate : elle en aura six quand l'armistice sera signé. À cause de son âge et de sa fonction, son père ne sera pas mobilisé. Ne serait le lourd tri-but payé (près d'un million de morts), l'Angleterre n'a pas connu sur son sol les horreurs de cette guerre : le Lancashire est loin du front, là-bas, très au sud, sur le continent, et le bruit des bombardements n'a pas traversé la mer... Il ne semble pas que la petite fille ait été marquée par cette tragique période.

Mais la vie n'est pas pour autant facile pour la famille Ferrier, et Kathleen apprendra très tôt, par l'exemple, la valeur de l'argent. Elle saura dépenser celui qu'elle gagnera plus tard, mais ne le gaspillera jamais malgré sa générosité : Kathleen tient de son père un équilibre à toute épreuve, et un grand bon sens. De sa mère, la sensibilité, la fantaisie, l'humour. Et des deux sans doute son amour de la musique.

Elle a la part belle, la musique, chez les Ferrier : outre ses parents, Winifred prend des leçons de piano, et Georges fait partie d'un chœur d'enfants. Dans cette atmosphère Kathleen se trouve précocement attirée par le vieux piano qui trône dans le salon : à trois ans elle commence à mettre ses mains sur le clavier, en même temps qu'elle apprend à lire, entraînée par Win et par son frère.

À cinq ans elle va à l'école ; elle y travaille bien, comme elle travaillera toute sa vie, avec ardeur.

Elle se développe rapidement : à neuf ans, c'est une belle enfant, solide et grande pour son âge. Elle aime jouer, plaisanter, est facilement espiègle, voire turbulente. Mais avisée, et prudente aussi : elle évite les disputes. Elle racontera que pour savoir si sa mère était de bonne humeur, quand elle rentrait de l'école, elle lançait d'abord son chapeau par la porte d'entrée : s'il ne ressortait pas aussitôt, renvoyé d'un mouvement vengeur, c'est que l'atmosphère à la maison était sereine ! Alors elle entrait d'un cœur léger.

À dix ans ses dons musicaux semblent se préciser, au point que sa mère décide de la mener chez un professeur de piano qui jouit d'une grande renommée à Blackburn, Miss Frances Walker, elle-même disciple d'un célèbre pédagogue londonien de l'époque, Tobias Matthay. Miss Walker n'accepte pas les débutants, et le dit sans ambages à Alice Ferrier ; mais il en faut plus pour désarçonner cette mère, sûre de sa progéniture. Elle insiste donc pour lui faire entendre Kathleen, et cette audition est assez concluante pour que la sévère professeur accepte de faire une exception : les dons, la musicalité, la personnalité de la petite fille lui semblent prometteurs.

De fait les progrès rapides de sa jeune élève montrent bientôt que ni Alice ni elle ne se sont trompées. Et dès 1924, Miss Walker présente Kathleen à l'un des concours de piano de la région, en l'occurrence celui du Festival de Lytham-Saint-Annes, deux petites villes côtières au sud de Blackpool : pour ce coup d'essai elle est classée quatrième sur quarante-trois candidats, grâce en particulier à son exécution d'un *Prélude* de Bach. Au concours de l'année suivante, à ce même Festival, elle sera classée deuxième : elle vient d'avoir treize ans.

Sa personnalité continue à s'affirmer : débordante de vitalité, c'est une sorte de garçon manqué, aimant les jeux, les sports, et participant volontiers aux spectacles montés dans son école, même si on lui confie souvent des rôles masculins. Son physique vigoureux rend le travestissement plausible. Et puis il y a sa voix : elle fait bien évidemment partie d'une chorale, comme tout membre de la famille Ferrier qui se respecte, mais cette voix se révèle tellement sonore, avec des intonations si curieusement rauques... qu'on la prie de se contenter d'ouvrir la bouche, sans chanter !

Une scolarité harmonieuse, des perspectives musicales encourageantes, l'avenir semble s'annoncer sous les meilleurs auspices. Il était d'ailleurs prévu que, ses études terminées, elle entrerait au Conservatoire de musique. Mais le destin en décidera autrement.

Si Win peut terminer, grâce à une bourse, ses années de collège pour devenir professeur, leur frère Georges perturbe profondément l'équilibre familial : une croissance trop rapide semble avoir troublé son comportement. À dix-huit ans, il agit à certains moments, imprévisibles, d'une manière tellement irresponsable que ses parents ne savent comment faire face à cette instabilité. Une possibilité d'émigration au Canada se présentant, ils l'incitent à en profiter, pensant qu'un cadre de vie nouveau pourrait l'assagir – ce qui se vérifiera à terme.

Mais dans l'immédiat, si cet éloignement ramène le calme au sein de la famille, il ne résout pas forcément les problèmes caractériels du jeune homme : ses parents, qui en sont toujours responsables, craignent de devoir faire face à tout moment aux frais d'un rapatriement éventuel.

Cette hypothèque financière pèse d'autant plus lourdement que William approche de l'âge de la retraite. Il faut donc faire des économies… et c'est Kathleen qui en fera les frais : il va lui falloir gagner sa vie. L'année 1925-1926 sera sa dernière année à l'école : elle la quitte à quatorze ans, comme naguère sa mère, à l'indignation de la directrice de cet établissement devant tant de chances gâchées…

Et finalement gâchées pour rien ! Georges se calmera avec les années : il restera au Canada et y fera sa vie. Ce n'est pourtant pas de gaieté de cœur que les parents de Kathleen ont renoncé pour elle à ses projets. Mais rien ne peut changer leur décision : il faut pouvoir affronter toute éventualité financière, et on a le sens de ses responsabilités chez les Ferrier.

Les années d'étude prévues au Conservatoire sont abandonnées ; mais puisqu'elle gagnera sa vie, Kathleen pourra tout de même continuer à prendre ses leçons de piano avec Miss Walker. C'est là sa seule consolation dans le bouleversement de sa jeune existence ; elle n'en voudra cependant jamais à ses parents de cette décision, dont elle a compris la nécessité.

II

Demoiselle des Postes, et pianiste

En femme pratique, sa mère lui a trouvé un emploi à la Poste de Blackburn, où elle entre comme stagiaire au mois d'août 1926. Elle y est d'abord une sorte de grouillot au service des télégrammes. Elle ne peut s'empêcher d'y mettre quelque fantaisie, propre à son âge et à son caractère (il lui arrive de se déplacer en faisant «la roue» ou en marchant sur les mains !) ; mais elle fait son travail le plus consciencieusement du monde, avec même une espèce de fierté. Si bien qu'elle est bientôt titularisée : on lui confie alors le service des «petits télégraphistes». C'est une rude école ! Elle avouera plus tard que ces garçons, pratiquement du même âge qu'elle, lui en avaient fait voir de toutes les couleurs. À quinze ans elle doit montrer qu'elle a de la défense. De l'humour aussi. Et elle sait se faire respecter, ce qui est d'autant plus nécessaire qu'elle est devenue une belle jeune fille, au physique très en avance sur son âge.

C'est sans doute à cette expérience qu'elle devra une étonnante liberté de langage, qui contrastait avec la dignité de son comportement. Devenue adulte, il lui arrivera de s'exprimer d'une manière presque triviale, quoique sans jamais la moindre vulgarité. Ses amis diront que le trait pouvait être rabelaisien, et le juron imagé : il y avait parfois en elle de la fille de Madame Angot pour la parole, mais la Lady ne perdait jamais ses droits, en quelque sorte fondamentaux.

En dehors des heures de travail à la Poste, qui n'a rien d'exaltant, elle a de multiples activités : elle est très populaire parmi ses amis, qu'elle rencontre au tennis, à la chorale (elle a appris à modérer sa voix), aux sorties des « Guides » dont elle fait partie. Sans oublier bien sûr ses leçons régulières avec Miss Walker, qu'elle attend chaque semaine avec impatience. Son professeur la pousse à se présenter à tous les concours possibles des environs : Kathleen ne se fait pas prier, et se classe toujours parmi les premiers.

Après avoir été à nouveau deuxième au Festival de Lytham-Saint-Annes en juin 1928 (avec la *Sonate en ré majeur n° 7* de Haydn, et *The little shepherd* de Debussy), elle va participer à un gigantesque concours de piano organisé cette même année à travers toute la Grande-Bretagne par le quotidien *Daily Express*, et réservé aux jeunes pianistes de moins de dix-sept ans.

Malgré un droit d'inscription destiné à éliminer les candidatures fantaisistes, ils seront plus de vingt mille à s'inscrire – ce qui donne une idée de l'importance de la musique dans le pays, à une époque il est vrai où les loisirs « de masse » que nous connaissons aujourd'hui n'avaient pas encore annihilé les activités culturelles individuelles.

Les éliminatoires sont organisées par régions ; Kathleen, bien préparée et rodée par ses expériences antérieures, parvient sans difficulté à se classer parmi les vingt concurrents invités alors à se mesurer, le 2 novembre 1928, devant le public du Memorial Hall de Manchester, la grande ville voisine – où elle se rend pour la première fois. L'enjeu est non seulement un billet pour les finales à Londres, mais aussi un piano droit Cramer.

C'est Kathleen qui l'emporte ! Elle a ainsi les honneurs de la presse, pour la première fois ; elle a seize ans, un âge où le succès peut facilement griser. Ce ne sera pas le cas.

D'autant que Londres, la prochaine étape, va lui réserver une grosse déception. Elle y arrive le 30 novembre 1928, chaperonnée par Win : soixante-douze concurrents se retrouvent en lice au Wigmore Hall pour se disputer les six pianos de concert offerts aux lauréats. L'atmosphère est électrique, elle est nerveuse («mais les autres aussi», lui a soufflé Miss Walker avant son départ), et le piano la surprend…

Elle ne sera pas parmi les lauréats. Elle ressentira cet échec dans son amour-propre, malgré un télégramme affectueux de son professeur, et malgré la présence de sa sœur qui, pour la distraire, l'emmènera voir *Show-Boat* au Drury Lane Theatre, où triomphe le célèbre Paul Robeson : sa voix profonde la fascine. Le lendemain un taxi (payé, comme tous les autres frais de ce séjour, par le *Daily Express)* les attend au bas du Russell Hotel, où elles ont séjourné, pour les mener à la gare d'Euston : elles reprennent mélancoliquement le train pour Blackburn.

Mais il en faut plus pour décourager une fille du Lancashire ! À quelques mois de là, toujours bien préparée par son professeur, elle retournera à Londres et y obtiendra son diplôme ARCM («Associate» du Collège royal de musique), étape sur la voie de la «Licence» de l'Académie royale de musique, qui lui sera attribuée, toujours au cours d'un nouveau séjour à Londres, l'année suivante, le 14 mai 1931. Elle vient d'avoir dix-neuf ans.

Entre-temps, le 10 mars 1929, elle aura eu son premier engagement comme soliste, à l'occasion d'un concert organisé au King George's Hall de Blackburn avec des célébrités locales : elle y joue, de manière «policée et sensible» pour le critique du *Blackburn Times*, *Andante* et *Rondo Capriccioso* de Mendelssohn. Et au printemps de l'année suivante elle remporte coup sur coup la Médaille d'Or du concours organisé par le Festival de Liverpool en interprétant le *Scherzo en mi bémol mineur* de Brahms, et quelques jours plus tard le premier prix du concours du Festival de Lytham-Saint-Annes.

Ces succès la font engager par le studio de Manchester de la BBC, qui lui offre un court récital, où elle jouera à nouveau ce même *Scherzo* de Brahms ; ce sera son premier contact avec le micro, qui ne semble pas l'avoir particulièrement impressionnée, bien que l'émission fût en «direct». Et comme elle a lieu à midi, il a fallu qu'elle paie une collègue pour la remplacer à la Poste. Bilan financier nul !

Parallèlement à ces exploits, elle s'est liée d'amitié avec deux jeunes chanteurs professionnels, ses voisins à Blackburn, la soprano Annie Chadwick et son mari Tom Barker, baryton : appréciant ses qualités musicales et son sérieux, ils lui demanderont de travailler avec eux et de les accompagner lors de concerts qu'ils donnent dans la région. Ces liens se renforceront particulièrement à partir du moment où, avec d'autres partenaires, Annie et Tom fondent un quintette baptisé « The Sevilles ». D'autres musiciens se joignent parfois au groupe, et Kathleen n'aime rien tant que les répétitions ; elle s'impose alors, malgré les craintes parfois non dissimulées que son jeune âge inspire d'abord aux musiciens chevronnés.

Elle n'a pas pour autant abandonné les « Guides », qui continuent à la mettre à contribution pour les spectacles qu'elles montent, exclusivement féminins, où sa taille et sa voix grave la désignent pour tenir des rôles d'homme. Cela ne nuit pas à sa réputation d'accompagnatrice, qui la fait approcher de plus en plus souvent par des artistes ou des ensembles de passage : elle est devenue « l'un des plus célèbres pianistes de Blackburn ».

Cependant aucune de ces activités n'est réellement lucrative, et la Poste demeure pratiquement sa seule source de revenus, modestes au demeurant même quand elle est nommée téléphoniste au mois de juin 1930 – une promotion qui s'accompagne d'un salaire de 19 shillings par semaine ! Elle passe acrobatiquement de la Poste au piano ; mais lorsque ses activités musicales interfèrent avec ses obligations à la Poste, elle n'hésite jamais à payer une collègue pour la remplacer au standard.

III

Où la voix pointe son nez

À cette époque la « demoiselle du téléphone », interlocutrice obligée, est un personnage important de la vie quotidienne d'une communauté ; très vite le timbre particulier de sa voix, facilement reconnaissable, chaude, enjouée, la fait remarquer des abonnés, qui ne manquent aucune occasion de la saluer. Et cette voix, précisément, Kathleen a maintenant envie de s'en servir autrement. À force d'accompagner, d'entendre constamment des chanteurs, il lui prend l'envie de chanter elle-même – pour s'amuser, bien sûr ! Mais c'est une forme d'expression encore bien plus personnelle que par le truchement d'un clavier. Alors elle demande à Annie Chadwick de lui donner des conseils, en même temps qu'elle rejoint la chorale où Annie et Tom chantent régulièrement. Sa solide formation de pianiste en fait un élément sûr, et précieux dans le registre des altos, généralement peu fourni.

C'est avec cette chorale qu'elle fera ses premières armes de chanteuse, en tenant la partie de contralto d'un trio de l'oratorio *Élie*, de Mendelssohn, au cours d'un concert à Blackburn, le 21 décembre 1931. Malgré la brièveté de son intervention, on remarque sa voix. Et Kathleen prend aussitôt goût au chant ; mais elle n'a aucune ambition dans ce domaine.

D'autant que le piano reste son véritable instrument : quelques jours plus tard, elle remporte un nouveau succès lors d'un concert organisé par Miss Walker, en interprétant la sonate *Au clair de lune* de Beethoven. Et l'année suivante, juste avant son vingtième anniversaire, elle est choisie pour accompagner une pléiade d'artistes renommés de passage à Blackburn, dont le violoniste alors célèbre, Louis Godovski.

Ce qui ne l'empêche pas de participer à des revues, avec deux de ses collègues de travail de la Poste : elles ont mis au point un numéro de variétés dans le plus pur style « garçonne » de l'entre-deux-guerres. En frac et haut de forme, « Claude, Cutberth, Clarence » se produisent en trio – « Clarence » n'étant autre que Kathleen. À cette époque, en tant qu'amateur et si sérieusement qu'elle traite ses activités musicales, quelles qu'elles soient, elle semble dépourvue de toute inhibition. Elle trouve seulement un plaisir immense à évoluer dans tout ce qui est musique.

Mais 1933 va apporter de grands changements dans sa vie. Elle a toujours eu beaucoup d'amis, et les garçons sont sensibles au charme de cette grande, belle et joyeuse jeune fille. Parmi eux, un jeune employé de banque, Bert Wilson, est particulièrement assidu : ils sortent ensemble, vont danser, jouer au tennis (elle excelle dans ce sport), et Kathleen aime bien sa compagnie. Peu à peu cette amitié prend une importance croissante... que vient perturber la nomination du jeune homme à la succursale de sa Banque à Lytham. Alors elle profite d'un poste de téléphoniste vacant à Blackpool (tout près de Lytham, mais à une quarantaine de kilomètres de Blackburn) pour s'y faire muter.

Elle est majeure, et ses parents, qui voient d'un bon œil son amitié avec Bert, n'ont pas de raison de la dissuader. D'autant moins que les amis Annie et Tom ont eux-mêmes quitté Blackburn pour s'installer près de Birmingham, la privant de son pôle musical le plus important.

C'est donc de Blackpool (où, pour être plus libre de ses mouvements, elle s'est acheté une bicyclette à crédit) que Kathleen participera au grand concours national lancé en 1934 par l'Horloge parlante pour trouver sa voix idéale : « Au troisième top il sera exactement... » Sélectionnée par son administration, elle s'y présente : mais l'émotion lui ayant inspiré un « h » aspiré intempestif lors de son essai, elle ne sera pas « la voix d'or » recherchée. Elle s'en consolera en s'adonnant à son nouveau sport favori, le ping-pong : elle y brille, devenant rapidement capitaine de l'équipe féminine de Blackpool.

C'est un palliatif. Car si la musique continue à tenir une place prépondérante dans sa vie, elle a beaucoup moins d'occasions de se produire depuis qu'elle a quitté Blackburn : elle aimerait travailler plus sérieusement sa voix, comme si elle avait épuisé les charmes du piano.

Un jour qu'elle est allée voir ses parents à Blackburn, elle en a profité pour aller frapper en grand secret à la porte de l'organiste et chef du chœur de l'église Saint-John, Thomas Duerdon, qui est aussi le mari d'une de ses cousines : « Voudriez-vous me donner des leçons de chant ? » Il l'écoute… et découvre une voix large, naturellement grave mais à la tessiture assez étendue. Alors il accepte ; et pendant près d'un an elle fera chaque semaine le trajet Blackpool-Blackburn et retour pour prendre sa leçon de chant.

Il semble bien qu'elle ait acquis là des éléments de base solides et sains, que d'autres sauront plus tard développer et mettre en valeur.

En octobre 1935 le Festival de Blackpool organise un concours de chant dont la particularité est que les concurrents doivent s'y accompagner eux-mêmes. Cela n'ayant que des avantages pour Kathleen, elle s'y présente bien sûr… mais sans aucun succès ! Curieusement, personne ne semble remarquer sa voix, si particulière – trop peut-être ? Cette indifférence lui cause une déception certaine.

Elle traverse d'ailleurs une période désenchantée : son avenir, apparemment limité à la Poste, n'a rien d'enthousiasmant, même si à toute occasion on l'y met en avant (c'est ainsi qu'elle est chargée de représenter son administration à une exposition d'un mois au cours duquel elle joue les démonstratrices de nouveaux matériels – ce qui l'amuse beaucoup… un temps).

Mais son malaise a une cause plus intime : son amitié avec Bert Wilson les a amenés à se fiancer quelques mois plus tôt. Leurs parents respectifs en sont ravis. En réalité cet accueil chaleureux que chacun d'eux reçoit dans la famille de l'autre constitue une sorte de piège, dont elle a peut-être eu vaguement conscience. Sans doute, malgré ses vingt-trois ans, ne perçoit-elle pas assez ce qui sépare la camaraderie de l'amour – pas plus que les sujétions d'une vie commune. Des proches, Win entre autres, émettent de discrètes réserves sur ce mariage, soulignant en particulier l'absence d'intérêt du jeune homme pour la musique. En vain ; même si l'idée de rompre l'a peut-être effleurée, elle n'osera pas faire machine arrière.

Leur mariage sera célébré le 19 novembre 1935. Il ne sera jamais que de façade. Vis-à-vis de l'extérieur ils donneront le change, mais pas un instant, à aucun moment, ils ne formeront un vrai couple. Un de ses amis demandera à Bert l'explication de son comportement ; il lui fera cette étonnante réponse : « On ne court pas derrière un autobus quand on y est monté. » Cette situation étrange, inexplicable, sera du reste sanctionnée quelques années plus tard par l'annulation pure et simple du mariage.

Quoi qu'il en soit, c'en est fait de la carrière de Kathleen à la Poste : cette administration n'emploie les femmes que célibataires. Elle ne s'en plaint pas : elle y a travaillé pendant plus de neuf ans, et en a épuisé tous les charmes. Ce départ est même sans doute à ses yeux un des éléments les plus positifs de son mariage. Elle apprend alors son nouveau métier de maîtresse de maison dans le petit cottage que son mari a trouvé à Warton, un bourg proche de Lytham. Elle s'emploie aussi à redonner vie au petit jardin en friche qui l'entoure.

Mais elle n'aura pas le temps de récolter le fruit de ses efforts… ni de développer ses talents culinaires, qu'elle estime elle-même assez limités. Au printemps de 1936, Bert est nommé directeur de l'agence de la banque à Silloth, un petit port pittoresque du Cumberland, à une trentaine de kilomètres de Carlisle.

C'est un complet dépaysement pour ces deux célibataires partageant le même toit au nom d'une union officielle factice.

De son nouveau logement, situé au-dessus de l'agence, Kathleen organisera sa vie autour de la chorale de l'endroit, dont elle deviendra bientôt l'accompagnatrice en titre. Elle consacre d'autre part beaucoup de son temps à pratiquer des sports, tennis, natation et golf – auquel elle s'est initiée avec succès, comme chaque fois qu'elle se lance dans une nouvelle activité. Mais la musique reste l'intérêt de son existence, et son meilleur dérivatif aux déceptions d'un foyer tout artificiel. On peut du reste se demander si ce n'est pas précisément l'échec de son mariage qui a servi de catalyseur à ses aspirations artistiques : une union réussie, couronnée par la naissance d'enfants, les aurait sans doute à jamais compromises.

En mars 1937, renouant avec sa quête antérieure, elle profite du Festival de Carlisle pour s'inscrire au concours de piano. Et relevant le défi que lui a lancé Bert (qui ne croit guère en ses talents de cantatrice), elle s'inscrit également au concours de chant : Kathleen Wilson remporte les deux épreuves !

Le Silver Rose Bowl qu'elle reçoit au titre de la meilleure chanteuse du Festival lui importe beaucoup plus que son prix de piano, et restera pour elle comme le symbole d'une naissance. On peut relever dans un compte rendu de son succès : «Une belle voix : bien menée ; ce pourrait être un jour celle d'une grande cantatrice.»

À partir de ce moment elle est engagée pour des concerts locaux ; c'est ainsi qu'elle chantera cette même année dans le petit port de Maryport, non loin de Silloth, son premier *Messie* de Haendel.

Comme naguère pour le piano, qui passe maintenant au second plan mais lui permet de travailler sans accompagnateur, elle se remet à écumer les concours, mais de chant cette fois, organisés par les festivals alentour, raflant prix et médailles d'or. Ce nouvel «instrument», qu'elle a en elle, la passionne ; il semble que les leçons de M. Duerdon l'aient fait singulièrement avancer, et qu'elle ait su en conserver l'acquis.

Lors d'un concert de charité auquel elle participe à Workington en décembre 1938, un producteur du studio de la BBC de Newcastle la remarque : il l'engage pour l'une de ses émissions (de variétés !) le 23 février 1939. Pour la première fois en tant que chanteuse, Kathleen Wilson se trouve face à un micro – pour y chanter quelques chansons du folklore dont certaines resteront toujours à son répertoire.

À quelques jours près cette émission, qui sera suivie de quelques autres du même genre au studio de Newcastle, aurait pu ne pas avoir lieu : Alice Ferrier est morte brusquement au début de ce mois de février, à soixante-six ans.

Indépendamment de la peine qu'elles en éprouvent, la disparition de leur mère pose un problème pratique aux deux sœurs ; William, âgé de soixante et onze ans, ne peut ni ne veut rester seul à Blackburn. Win, qui habite maintenant Londres où elle enseigne dans un collège, le prendra un temps avec elle. Mais elle est absente toute la journée, et il se retrouve finalement plus seul encore dans une ville où il ne connaît personne.

Kathleen et Bert lui proposent alors de l'installer chez eux, à Silloth. Cet arrangement se révélera tout à fait satisfaisant pour tout le monde, en particulier pour Kathleen : elle retrouve la chaleur d'une sorte de foyer, singulièrement absente de sa nouvelle existence.

Comme ses activités musicales se développent, son père lui offrira une petite Morris, qui résoudra ses problèmes de transport, notamment quand elle doit se rendre à Newcastle, à plus de cent vingt kilomètres, où la BBC l'engage à plusieurs reprises.

Elle continue d'autre part à collectionner les prix, dont le trophée envié du *Cumberland News,* dans le cadre du Festival de Carlisle de 1939. L'un des jurés de ce concours est un certain Dr J.E. Hutchinson : il est frappé par le caractère de cette voix rare, de « vrai contralto ». C'est un bon musicien, qui avait été l'élève d'Alberto Visetti, compositeur et chef d'orchestre d'origine italienne, célèbre au début du siècle à Londres où il s'était installé et où il avait acquis par la suite une grande réputation comme professeur de chant. Plus modestement, le Dr Hutchinson transmettait ce qu'il avait appris de son Maître aux élèves de ses classes de musique d'un collège de Newcastle ; il jouissait lui-même d'une certaine notoriété (il deviendra quelques années plus tard le chef de la société chorale de Newcastle, qu'il dirigera pendant quatorze ans).

C'est à lui que Kathleen pensera quand, en chantant à nouveau le *Messie* à Workington, elle perçoit les possibilités de sa voix mais constate en même temps qu'elle la maîtrise mal. Malheureusement, Newcastle est trop loin, même en voiture, pour y aller prendre régulièrement des leçons…

C'est paradoxalement grâce à la guerre, déclarée en septembre 1939 (qui fait évacuer ce collège de Newcastle où enseigne le Dr Hutchinson vers une petite ville voisine du Cumberland, Keswick) que Kathleen pourra, une fois par semaine pendant plus de trois ans, travailler sa voix avec lui. Pour pouvoir payer ses leçons, elle donnera elle-même des leçons de piano, sans grand enthousiasme et même sans beaucoup de patience quand il s'agit de débutants peu doués. Mais elle y gagne une certaine indépendance financière vis-à-vis de son mari, qui ne montre décidément aucun intérêt pour ses aspirations vocales.

Le Dr Hutchinson se passionnera véritablement pour cette voix, dont il a deviné la richesse exceptionnelle ; il l'aidera progressivement à la sortir de sa gangue. La longueur des leçons va croître jusqu'à durer parfois plusieurs heures : Kathleen est la plus attentive des élèves, et ses facultés d'assimilation lui permettent de faire des progrès constants. C'est beaucoup à lui qu'elle devra l'assise de son souffle, base de toute technique vocale. Il l'initiera aussi à des musiques qu'elle n'avait pas abordées jusque-là, Bach notamment (la *Messe en si*, le *Magnificat*), les Italiens de l'époque baroque, et encore l'oratorio d'Elgar, *Le Rêve de Gerontius*, pour contralto, ténor, basse, chœur et orchestre, une œuvre très populaire en Angleterre. Kathleen contribuera plus tard à accroître encore cette popularité grâce à son interprétation du rôle de l'Ange, qui semble avoir été écrit pour sa voix.

C'est encore grâce à la guerre que les problèmes du faux couple Kathleen-Bert, dont même la façade commence à craquer, vont se résoudre : Bert est mobilisé en 1940. Son éloignement physique consacrera sans heurts une séparation devenue inévitable. Kathleen doit du même coup libérer leur appartement de fonction, dévolu au nouveau directeur de l'agence bancaire.

Rien ne la retient plus à Silloth : avec son père elle rejoint à Carlisle sa sœur Win, qui vient de s'y faire muter, et qui a eu la chance de pouvoir y trouver une maison – une rareté en ces temps d'exode des grandes villes industrielles menacées de bombardements. Si petite qu'elle soit, elle leur permettra de cohabiter harmonieusement; au reste, ni leur passé ni les circonstances ne pouvaient les rendre exigeants. William Ferrier, qui approuve les efforts de sa fille dans le domaine du chant (il en est fier), y apportera sa contribution en copiant de la musique pour elle, et en transposant certaines œuvres dans sa tessiture.

Cette installation à Carlisle même a de toute façon l'avantage de faciliter le travail de Kathleen avec Hutchinson, désormais le pôle de son existence. De son côté il souhaite l'encourager : dès qu'il juge ses progrès suffisants, il l'engage pour un *Messie* qu'il dirige lui-même à Newcastle le 15 décembre 1940. C'est Kathleen Ferrier, et non plus Kathleen Wilson, qui apparaît à l'affiche : de nombreuses raisons, y compris de simple consonance, l'ont décidée à reprendre son nom de jeune fille pour ses activités musicales.

Elle commence à les envisager plus sérieusement, sans pourtant y croire encore. Sa rencontre avec un ténor venu chanter à Carlisle, John Mc Kenna, l'amènera cependant à passer, sur ses conseils, une audition pour le CEMA (Conseil pour l'Encouragement de la Musique et des Arts) chargé d'organiser des concerts aux armées et dans les usines – concerts d'un excellent niveau, attirant généralement un large public. Elle est aussitôt engagée.

La responsable régionale du CEMA, Eve Kish, écrit après sa première tournée : «J'ai découvert une chanteuse pleine d'avenir… la plus somptueuse voix de contralto, une race innée, une forte personnalité. Elle a un formidable succès auprès de tous les publics.»

Dans les mois suivants et avec la bénédiction du Dr Hutchinson qui continue à la suivre de près, elle sillonnera tout le nord de l'Angleterre et l'Écosse, allant d'églises en entrepôts, d'écoles en camps militaires, chantant – exclusivement en anglais – toutes sortes de musiques : Purcell, Haendel, Vaughan Williams ou Frank Bridge et des chansons du folklore britannique, mais aussi Schubert ou Saint-Saëns…

C'est à nouveau une rude école : les conditions des transports, des hébergements, et des concerts eux-mêmes, exigent une santé vocale à toute épreuve. Et une solide santé tout court. Bien qu'elle attrape souvent froid dans les trains mal chauffés ou dans les courants d'air de salles de fortune, ou encore quand elle est obligée de chanter en plein air, Kathleen résiste bien – sa voix aussi. Et elle fait preuve, quelles que soient les circonstances, d'une bonne humeur et d'un entrain communicatifs.

IV

La chrysalide

Le 7 décembre 1941 sera l'amorce d'un nouveau tournant : elle chante, au côté de la spécialiste britannique de l'oratorio, la soprano Isobel Baillie, le *Messie* avec l'orchestre Hallé sous la direction de l'un de ses chefs attitrés, Alfred Barker. Ce concert donné à Chester-le-Street, une petite ville au sud de Newcastle, sera répété quelques jours plus tard en un lieu qui lui est très familier : Lytham-Saint-Annes. La « vedette » de ces soirées est évidemment Miss Baillie ; mais l'accueil que le public réserve à Kathleen Ferrier, malgré son trac visible, la remplit de joie et d'espoir. Il semble que pour la première fois elle se demande si, après tout, il n'y aurait pas une possibilité de carrière pour elle dans le chant.

Sans doute Alfred Barker ne pense-t-il pas autrement, qui tient à la présenter à Malcolm Sargent au début de 1942. Le célèbre chef d'orchestre, l'un des fondateurs de l'Orchestre philharmonique de Londres dix ans plus tôt, accepte de l'entendre à son hôtel à Manchester, au mois de mai : impressionné par cette voix rare, il la recommande à Ibbs and Tillett, son agent à Londres, et l'un des tout premiers imprésarios de la place. Il faut croire qu'il ne doute guère de ses possibilités d'avenir, car il ajoute que si elle veut faire une carrière, elle doit absolument s'installer dans la capitale : « Allez à Londres ! », insiste-t-il.

Elle s'y rend au mois de juillet pour rencontrer John Tillett : le 9, il l'entend au Wigmore Hall – où elle avait connu son premier échec, comme pianiste, quatorze ans plus tôt. Malgré ce mauvais souvenir, malgré un trac intense, malgré les curieuses résonances de la salle vide où la voix se perd, l'audition sera concluante : John Tillett n'hésite pas à la prendre dans son « écurie », l'une des plus importantes dans le domaine du concert.

Mais il estime, lui aussi, qu'une carrière ne peut se faire qu'à partir de Londres. D'autant que Kathleen vient de fêter son trentième anniversaire : il n'y a pas de temps à perdre.

Les morceaux du puzzle vont alors trouver d'eux-mêmes leur place. De Londres, le collège où elle enseignait deux ans plus tôt réclame Win. C'est un signe du destin, qu'elle saisit au vol : elle accepte, prend l'affaire en main, et trouve un appartement pouvant les héberger tous les trois à Hampstead, un agréable quartier du nord de Londres.

L'immeuble de briques, Frognal Mansions, domine à mi-colline un ensemble de petites maisons particulières typiques, chacune entourée de son jardin. La plus proche est occupée par le général de Gaulle : William Ferrier, d'une fenêtre de leur appartement, a une vue plongeante sur la maison, et s'amuse souvent à surveiller les allées et venues de leur hôte, ou de ses visiteurs, ponctuées par les saluts des factionnaires (un jour du printemps de 1944, il remarquera l'embarquement d'un nombre inusité de cantines, suivant le départ de la haute silhouette devenue familière. Il dira le soir à ses filles : « Le deuxième front est pour bientôt. » Elles se moqueront de lui… mais quelques jours plus tard les Alliés débarqueront en Normandie).

À cette époque de l'année, les arbres touffus, les gazons, les fleurs donnent à ce quartier calme beaucoup de charme ; mais quand le trio Ferrier s'y installe, à la veille du jour de l'an 1943, l'hiver, le froid, le « black-out », les alertes aériennes fréquentes, ne composent pas un tableau particulièrement idyllique.

Kathleen éprouve d'autre part une sorte de vertige quand elle pense à son avenir, et aux aléas du métier incertain sur lequel elle va essayer de le bâtir. Pourra-t-il la faire vivre ?

Pourtant les critiques qu'elle recueille sont plutôt encourageantes : si certaines font état de défauts de diction, de monotonie dans ses interprétations, voire de froideur, toutes s'accordent sur la qualité de la voix et la rareté de son timbre. Telle celle du *Manchester Guardian* à la suite d'un récital qu'elle a donné le 20 octobre 1942 à Manchester : « Miss Kathleen Ferrier, une nouvelle chanteuse au talent remarquable… Une voix de contralto véritable, riche, souple, naturelle, à faire pâlir bien des contraltos réputés. »

Kathleen, elle, sait qu'elle a encore beaucoup à apprendre ; si sa formation de pianiste lui a donné une base musicale peu courante chez les chanteurs, surtout à cette époque, elle est consciente – jusqu'à l'excès – de ses lacunes, non seulement en matière de technique vocale, d'expérience et de répertoire, mais aussi plus généralement de culture. L'arrêt de ses études à quatorze ans lui donne une sorte de complexe, qu'elle conservera d'une certaine manière toute sa vie. Elle voudrait rattraper le temps perdu.

Mais en premier lieu, par qui remplacer le Dr Hutchinson, dont la voici séparée ? Elle avait confiance en lui, et elle lui doit beaucoup : elle a accompli avec lui «un travail prodigieux», pour reprendre les propres termes de son professeur – avec qui cependant elle avait sans doute atteint ses limites. Si la résistance de sa voix aux dures conditions des tournées du CEMA prouve la qualité de l'enseignement qu'elle à reçu, elle a encore grand besoin d'un appui technique aussi bien que psychologique, pour ne pas se perdre dans une carrière semée d'embûches de toutes sortes. Et elle ne doit pas se tromper.

Son grave, naturel, s'est assuré, élargi ; mais elle a des difficultés dans l'aigu, dès le *mi*. Or elle sait avec quelle rapidité une voix, si solide soit-elle, peut être abîmée, et combien de professeurs même réputés en ont irrémédiablement cassé de plus prometteuses.

Avec cette espèce d'instinct qui lui a fait choisir, sans erreur, ses deux premiers professeurs, elle saura trouver celui qu'il lui faut – et qu'il lui faut à ce stade de son évolution.

Quelques jours avant son installation à Londres, elle a chanté l'oratorio *Élie* de Mendelssohn à Runcorn, une ville située entre Liverpool et Manchester. C'est le premier engagement qu'elle doit à Ibbs and Tillett – «Whooppee!», note-t-elle dans son petit carnet à la date du concert, le 23 décembre 1942. Elle y a eu notamment pour partenaire le baryton Roy Henderson, bien connu des amateurs d'opéra (il a été l'un des pionniers de la folle aventure de Glyndebourne, dès la première saison de 1934, qu'il a ouverte en chantant le rôle du Comte des *Noces de Figaro* de Mozart, sous la direction de Fritz Busch).

Henderson a bien remarqué la voix rare de la jeune contralto, qu'il juge cependant trop sombre, et sa musicalité ; mais il n'a pas été ébloui. Il lui a d'ailleurs fait le reproche d'être trop tendue, figée, le nez enfoui dans sa partition.

Si le public, lui, est manifestement sensible au rayonnement de sa voix, et de toute sa personne, Kathleen retrouve ces mêmes critiques après le tout premier récital qu'elle donne à Londres le 28 décembre (Brahms, Schubert, Wolf) dans le cadre des concerts de midi organisés à la National Gallery sous l'égide de la pianiste Myra Hess – qui lui manifestera d'emblée une sympathie chaleureuse.

Alors elle ose demander à Roy Henderson, professeur à l'Académie royale de musique, s'il veut bien la faire travailler.

Au tout début de 1943, il l'entend longuement (elle lui chante entre autres *Le Roi des Aulnes* de

Schubert qu'il lui déconseillera de chanter, au moins dans l'immédiat) et constate qu'elle ignore tout de la physiologie du son ; mais il juge que cela n'a aucune importance dans son cas, tant sa gorge, son larynx sont idéalement ceux d'un chanteur-né.

V

Premières armes

Au cours de quatre années de travail intense et régulier, Roy Henderson découvrira la robustesse exceptionnelle de cette voix. S'il est vrai que son mode de vie ne comporte pas d'excès (quoiqu'elle ne dédaigne ni la bonne chère, ni un verre d'alcool, ni une cigarette, voire un cigare !), jamais Kathleen n'aura à prendre la moindre de ces précautions qui empoisonnent la vie quotidienne de tant de chanteurs. Elle connaît cependant instinctivement l'importance capitale du sommeil pour la santé de la voix. Et d'autre part elle se gardera toujours de manger avant de chanter, se contentant d'une tasse de thé.

Henderson est un maître exigeant, sans complaisance, qui sait ce qu'il peut obtenir de son élève, compte tenu de ses dons, de sa docilité dans le travail, et de sa formidable volonté. Il aura surtout l'intelligence de ne rien bousculer de ce que ses prédécesseurs lui ont apporté, et de ne rien faire qui risque d'altérer la qualité de son timbre. Ses efforts se porteront encore sur le travail du souffle, qu'elle ne contrôle pas toujours suffisamment, sur le choix de son répertoire, et sur l'interprétation – sans oublier le comportement en scène, où elle se révèle terriblement empruntée. À cet égard, il s'emploie à lui donner une plus grande aisance ; il saura lui inspirer davantage confiance en elle.

Au fil des ans, il deviendra plus un conseiller et un ami qu'un professeur ; mais bien qu'il n'ait guère qu'une dizaine d'années de plus qu'elle, il sera toujours son véritable Maître, qu'elle appellera affectueusement « Prof ». Même arrivée au faîte de sa carrière, elle éprouvera le besoin de se retrouver près de lui de temps à autre, pour un conseil, un contrôle, un encouragement.

Dès les premières leçons, en mars 1943, il l'incitera aussi à prendre des leçons de diction. Ce qu'elle fera avec la comédienne Ruth Draper, qui réussira parfaitement, et qui deviendra du même coup une amie sûre.

Si l'année 1942 a incontestablement fait passer Kathleen Ferrier du rang d'amateur à celui de professionnelle (les soixante-douze concerts auxquels elle a participé, essentiellement du fait des tournées du CEMA, l'attestent), 1943 marque tout de même une nouvelle étape décisive de sa carrière.

Comme 1943 marque un tournant décisif dans la guerre qui met la planète à feu et à sang. Le conflit s'éternise ; mais l'armée allemande, encerclée à Stalingrad, capitule le 31 janvier. Elle capitulera quatre mois plus tard en Tunisie. Et avec la reprise en février de Guadalcanal, les Américains ont commencé la dure mais inexorable reconquête du Pacifique sur les Japonais. Ainsi au fil des mois se précisent les raisons d'espérer la victoire.

Quand les Ferrier s'installent à Frognal Mansions, la capitale anglaise souffle relativement après les bombardements effrayants qu'elle a supportés avec un courage inouï, et dont elle mettra vingt ans à effacer les mutilations ; certes, les sirènes retentissent encore souvent, mais ce quartier sera plutôt épargné, même au temps des V1, puis des V2. La vie continue, comme elle a toujours continué, même aux pires moments du « blitz ».

La vie musicale continue elle aussi, et Kathleen reprend courageusement les tournées héroïques du CEMA. Elles ne sont pas grassement payées, mais elles représentent malgré tout des rentrées d'argent assurées : il lui faut bien payer sa part du loyer de l'appartement, qui est lourd. Mais leur rythme est parfois excessif (au mois de septembre suivant elle donnera vingt-neuf concerts en vingt-huit jours !) et leurs conditions toujours aussi éprouvantes.

En plein tour d'Écosse, par un temps exceptionnellement froid pour un mois d'avril, elle a eu une pneumonie, assez grave pour qu'elle craigne un moment pour son avenir. Hospitalisée pendant trois semaines à Aberdeen, elle prendra encore une dizaine de jours de convalescence dans le Surrey avec son père et sa sœur. C'est peu, après une telle maladie, mais elle ne peut se payer le luxe d'un trop long arrêt de ses activités.

Il lui faut rentrer à Londres pour répéter deux concerts importants : le *Messie* à l'abbaye de Westminster le 17 mai, puis dix jours plus tard à l'Albert Hall, sous la direction de Reginald Jacques.

Elle y a pour partenaire, pour la première fois, un ténor de trente-deux ans qui a lui-même fait ses débuts l'année précédente dans *Les Contes d'Hoffmann* : Peter Pears. Dès qu'il l'entend, il est conquis par sa voix ; pour lui, elle sera à peu près la seule à pouvoir chanter cette partie d'alto du *Messie* (écrite par Haendel dans une tessiture très grave) d'une manière aussi absolument convaincante.

Ce seront des concerts mémorables, à en croire la presse. Ces «débutants» seront accueillis avec enthousiasme par le public et les critiques. En venant aux solistes, après avoir loué l'orchestre et son chef, celui du *Times* écrit : «Deux haendéliens réputés, Miss Isobel Baillie et M. William Parsons, et deux nouveaux venus, Miss Kathleen Ferrier et M. Peter Pears qui tous deux se sont hissés d'un coup à leur niveau.» Quant à celui du *Musical Times*, parlant de Kathleen Ferrier : «Je n'oublierai pas de sitôt la grandeur de son style ni la pureté de sa voix.»

De tels événements comptent dans une carrière. Comme avait compté, à un autre titre, un peu plus tôt dans l'année (à l'occasion d'un concert à Lewes avec la clarinettiste Pauline Juler) sa première rencontre avec Gerald Moore.

Alors âgé de quarante-quatre ans et déjà fort célèbre accompagnateur, il est frappé par la beauté du timbre de sa voix – tout en remarquant lui aussi sa gaucherie en scène. Ils se retrouveront souvent et se lieront d'une profonde amitié ; leur sens développé de l'humour les rapprochera autant que la musique, débouchant sur des fous rires homériques… jusque sur la scène !

Dès cette première rencontre, toute la personnalité de cette femme, qui va devenir célèbre, est là ; ce qui surprend Gerald Moore, et qu'il apprécie, c'est sa franchise, alliée à une modestie telle qu'elle peut la faire paraître naïve. Elle dit son opinion sans détour, elle a ses certitudes mais ne les impose pas. « Sage sans être magistrale, assurée sans être dogmatique, spirituelle et même mordante, mais sans méchanceté » – avec en plus ce rien d'effronterie, que plus tard Britten a sans doute voulu souligner en utilisant à son égard, admiratif, le curieux terme de *naughtyness*.

Gerald Moore est aussi séduit par sa voix parlée, grave, timbrée, mais douce surtout, « merveilleusement accordée à son physique ». Il dira encore : « Chez elle le cœur parlait avant la raison ; elle avait l'instinct de l'amitié avec ceux, quel que fût leur rang, qui partageaient son sens de la chaleur humaine, de la spontanéité, de la simplicité. Elle savait écouter, mais aussi égayer une conversation et relancer la balle à ses interlocuteurs. »

Quant à son emprise sur le public (« qui la faisait se surpasser : ses narines frémissaient, ses yeux brillaient de joie d'être là, devant lui, avec lui ») : « Elle n'avait besoin d'aucun artifice pour que sa présence s'impose et rayonne – sans qu'elle en soit du reste consciente. »

Même son de cloche chez son « Prof », qui souligne sa formidable personnalité, « affirmée avec les années et que la présence du public faisait s'épanouir, au point que l'auditoire était subjugué avant même qu'elle n'ouvre la bouche ».

Ses partenaires, tout comme le public, seront toujours sensibles à ce rayonnement, qui crée autour d'elle une atmosphère chargée d'ondes inexplicables, et donne une dimension particulière à ses interprétations.

Pour John Barbirolli, qui la connaîtra bien quelques années plus tard, quand Kathleen Ferrier chantait il se passait quelque chose d'indéfinissable, « bien au-delà des sons ».

Curieusement pourtant certains critiques, jusqu'à la fin, paraîtront peu sensibles à ce magnétisme et, tout en la couvrant de louanges, chipoteront pour un geste, une attitude, une note – comme si, à ce degré d'émotion transmise, de tels détails pouvaient encore avoir une importance notable. L'un d'eux, Neville Cardus, qui l'admirait mais sans indulgence, expliquera que ce « rayonnement », qui lui attirait partout des adulateurs, embarrassait le professionnel et le mettait en porte à faux vis-à-vis du public, s'il trouvait à redire à quoi que ce soit la concernant, comme par exemple sa tenue en scène, jugée d'abord trop guindée par certains, maniérée par d'autres plus tard…

Gerald Moore suivra donc de près l'évolution de sa carrière et les progrès stupéfiants de sa technique vocale en si peu de temps. La partie n'est pourtant pas gagnée pour elle : si Ibbs and Tillett ont assez confiance dans ses possibilités pour lui proposer l'exclusivité de sa représentation, elle échoue lors d'auditions, tant à la BBC que pour les fameux Concerts Promenade (l'une et les autres reviendront cependant sur leur rejet initial quelques mois plus tard : elle fera notamment ses débuts aux Concerts Promenade le 15 septembre 1945... avec l'air des adieux de *La Pucelle d'Orléans*, de Tchaïkovski). Ces échecs l'affectent, mais ne la découragent pas.

Avec l'aide de Roy Henderson elle s'emploie à élargir son répertoire, encore limité : une quarantaine de lieder, quelques chansons du folklore, quelques «negro spirituals», et puis le *Messie, Élie*, la *Messe en si* et le *Magnificat* de Bach, sont à peu près tout son bagage.

La tessiture de sa voix et surtout le temps, qui lui fera défaut, ne permettront jamais que son répertoire soit très large, comparé à celui d'autres cantatrices. À ses tout débuts, elle a chanté l'air fameux de Dalila, sans aller plus loin dans cet opéra. Elle va travailler l'air de l'*Orphée* de Gluck, *Che faro* (J'ai perdu mon Eurydice), tout à fait dans sa tessiture – «dans le gras de ma voix», dira-t-elle de façon imagée.

Elle le chantera pour la première fois en mars 1943, lors d'un récital à Crewe. C'est un immense succès, et à partir de là elle mettra souvent cet air à ses programmes. Mais pour le reste ? L'opéra en général est une forme d'expression dans laquelle elle ne se sent pas à l'aise ; elle s'en tiendra le plus souvent à l'écart, malgré des propositions pourtant séduisantes.

Autour d'elle les avis sont partagés... Une expérience qu'elle tentera l'année suivante fortifiera, à tort peut-être, ses préventions à l'égard de l'opéra. Son agent lui propose de chanter *Carmen* en concert dans la petite ville de Stourbridge, non loin de Birmingham ; elle l'accepte, mais en gardera un si mauvais souvenir qu'elle ne chantera plus jamais une note de cette partition !

On peut penser que ce rôle exige un minimum d'extériorisation dont elle ne se sentait pas capable, surtout à ce stade de sa carrière, et qui heurtait en tout cas sa réserve naturelle.

Pour d'autres raisons elle ne chantera jamais cet « opéra de la mort » qu'est le *Requiem* de Verdi. Mais cette fois, malgré le désir très vif qu'elle en a, c'est Roy Henderson qui l'en dissuadera catégoriquement : il en estimait la tessiture trop tendue pour elle – ce qui peut paraître discutable si on songe à certaines œuvres qu'elle chantera par la suite et qui, loin de l'abîmer, feront épanouir plus encore sa voix. Bien entendu, elle s'inclinera ; mais elle en aura un regret tenace.

Le lied et l'oratorio resteront donc ses domaines privilégiés. Elle met à son répertoire, en allemand pour la première fois, *Frauenliebe und -Leben*, de Schumann. À cette époque elle est accompagnée le plus souvent par Phyllis Spurr, rencontrée peu après son arrivée à Londres : elles s'entendent bien, et Kathleen apprécie autant sa sûreté musicale que sa fidélité.

Elle finit l'année 1943 et commence 1944 avec une série de dix *Messie* à travers le pays, encadrant un *Judas Maccabée* du même Haendel, à Aberdeen : partout la critique est excellente. On lit par exemple dans le *Nottingham Guardian* du 18 décembre 1943 : « Miss Ferrier est incontestablement le meilleur contralto qu'on ait entendu sur scène dans le *Messie* depuis longtemps. Son interprétation de "He was despised" a été un modèle d'art vocal. »

Si elle jette un coup d'œil rétrospectif sur sa première année à Londres (où elle s'est parfaitement acclimatée : elle adore le métro !) elle peut commencer à se rassurer : quelque cent seize prestations font un beau bilan, surtout eu égard à l'accueil qu'elle a partout reçu, à l'exception d'un concert du CEMA devant une poignée d'ouvriers surexcités, et peu préparés à écouter des lieder. Elle ne participera d'ailleurs plus à ces concerts ; non qu'elle les méprise désormais (jusqu'à la fin de sa vie elle chantera dans des lieux modestes, par fidélité à son public), mais il lui faut maintenant faire des choix.

Si les engagements obtenus par Ibbs and Tillett sont encore limités, elle ne peut risquer d'avoir à en refuser d'importants à cause de tournées qui l'éloignent longtemps – et de surcroît dans des conditions épuisantes. Ce qui explique que le nombre de ses concerts soit bien moindre en 1944 : soixante-cinq seulement.

Mais certains sont de ceux qui marquent dans une carrière, avec des œuvres nouvelles telles que les deux *Passions* de Bach ; la *Rhapsodie* pour alto et chœur d'hommes de Brahms (qu'elle chantera pour la première fois le 13 juillet 1944 à Gloucester) ou *Le Rêve de Gerontius* d'Elgar – avec des chefs de la classe d'Adrian Boult ou de Malcolm Sargent. Ce dernier la dirige pour la première fois dans la *Messe en si* de Bach, à Liverpool, le 25 mars 1944.

Elle le retrouvera sept fois dans l'année, notamment le 26 août (le lendemain de la libération de Paris) pour une radio à Manchester consacrée aux *Quatre chants sérieux* de Brahms, dans la transposition pour orchestre qu'il en a réalisée l'année précédente, tandis qu'il veillait l'agonie de sa fille, rongée par un cancer.

Ces circonstances ont particulièrement touché Kathleen. Et pas seulement à cause de sa sensibilité : depuis son adolescence elle a redouté cette maladie pour elle-même. Sa crainte instinctive a été renforcée depuis qu'elle a reçu accidentellement un coup au sein peu avant son mariage ; depuis lors, elle éprouve de temps à autre une curieuse sensation à ce sein, une sorte de gêne qui irradie parfois dans le bras... puis disparaît. Au printemps de cette année 1944, elle décide de s'en ouvrir à un médecin : il ne décèle rien d'anormal, et la rassure.

À la fin de ce même printemps, un engin diabolique fait son apparition dans le ciel anglais, le V1, ces bombes volantes aveugles dont les premières explosions à Londres créent une espèce de panique. On les entend venir avec un vrombissement très caractéristique, s'approcher à basse altitude... puis brusquement leur moteur s'arrête : quelques secondes de silence, avant qu'elles ne touchent le sol et explosent.

Il y aura quelque huit mille impacts de ces bombes, et beaucoup de victimes dans tout le pays, mais principalement à Londres. Avec le temps, un certain nombre seront détruites avant d'arriver sur leurs cibles. Mais elles seront alors relayées à l'automne par les V2, fusées imparables dont plus de mille exemplaires causeront de sérieux dégâts, tueront plusieurs milliers de civils, et mettront à rude épreuve les nerfs d'une population qui en a déjà beaucoup subi depuis quatre ans. Tout peut arriver à tout moment, partout ; quand une explosion a eu lieu, on se réjouit d'être toujours là. Mais on s'inquiète pour ses proches… Hampstead sera relativement épargné ; mais l'un des derniers V2 explosera à moins de quatre cents mètres de Frognal Mansions.

Quand il y avait une alerte, certains habitants de l'immeuble avaient pris l'habitude de se rassembler dans la cuisine des Ferrier, pour boire une tasse de thé ; c'est vrai qu'il n'y a pas d'abri alentour mais, avec ses deux fenêtres et son ballon d'eau chaude, l'endroit n'était pas spécialement protecteur.

Le flegme aide à supporter bien des choses ; mais cette tension nerveuse constante est éprouvante. S'évadant un moment, Kathleen ira travailler loin des alertes et des bombes chez une amie au sud de Newcastle, après avoir fait un essai d'enregistrement le 30 juin à la Columbia, accompagnée par Gerald Moore : elle s'entend pour la première fois, et en est horrifiée !

La découverte de sa propre voix, aujourd'hui banalisée, était alors un événement toujours surprenant, pour ne pas dire traumatisant. En outre, la technique n'était pas encore vraiment au point pour la reproduction de « grandes » voix comme la sienne.

Columbia lui fait cependant signer un contrat portant sur deux disques : enregistrés encore en

1944, ce seront d'abord deux airs de Greene, musicien anglais du XVIIIᵉ siècle, puis deux airs de l'opéra peu connu de Haendel, *Ottone*. En ce qui concerne l'audition, seul l'extrait qu'elle a choisi du *Rêve de Gerontius* lui paraît acceptable ; il sera du reste édité trente-quatre ans plus tard dans le cadre d'un disque consacré par EMI aux « Grands mezzo-sopranos et contraltos anglais ».

Kathleen Ferrier regrettera de n'avoir pu enregistrer cette œuvre d'Elgar, qu'elle chantera pour la première fois intégralement à Leeds le 18 novembre 1944 ; ce sera le premier succès d'une longue série avec ce rôle, et l'une des rares partitions qu'elle chantera sans musique.

Il lui est en effet arrivé d'avoir des problèmes de mémoire ; si concentrée qu'elle soit quand elle chante, sa sensibilité lui fait percevoir de façon amplifiée tout ce qui trouble le silence. Une toux, un programme déplié, un siège qui grince, suffisent à distraire son attention, et parfois à lui faire perdre le fil, non pas de la musique mais du texte. Devant un tel « trou », elle s'est entendue improviser des paroles – ce qui, compte tenu de la clarté de sa diction depuis les leçons de Ruth Draper, a donné des résultats propres à faire sursauter le public ! Elle a donc décidé de ne plus prendre de risques inutiles, et d'avoir le plus souvent en main, discrètement, ses textes.

C'est avec une autre œuvre d'Elgar, *Sea Pictures*, qu'elle n'aime guère, qu'elle aura son premier contact avec John Barbirolli : d'une humeur massacrante aux répétitions (et tout autant lors du concert le 8 décembre à Sheffield), ce chef manque l'éborgner avec sa partition qu'il envoie promener de son pupitre. Il ne lui prête pas la moindre attention, et Kathleen est persuadée qu'elle ne le reverra jamais. Elle ne le souhaite d'ailleurs pas.

Au mois de mai 1944, elle a fait une autre rencontre, anonyme en quelque sorte : assistant à une représentation à Londres du *Barbier de Séville* («étincelante», note-t-elle), elle se trouve assise à côté de Benjamin Britten. Cette présence rend pour elle la soirée plus mémorable encore ; mais elle n'ose pas se faire connaître. Pourtant Britten se serait sans doute rappelé ce contralto dont la voix et la musicalité l'avaient séduit lors du *Messie* chanté à l'abbaye de Westminster deux ans plus tôt avec Peter Pears.

Bien que son cadet d'un an, Britten est à trente ans déjà célèbre : dès avant la guerre, en 1937 à Salzbourg, ses *Variations sur un thème de Frank Bridge* (dont il est l'élève) lui ont apporté un renom que les premières années de guerre passées aux États-Unis et les œuvres qu'il y a composées (*Les Illuminations, Sinfonia di Requiem*, etc.) ont confirmé.

C'est en Amérique que Koussevitzki l'a incité à écrire pour la scène. Rentré en Angleterre en 1942, il se met au travail : son opéra *Peter Grimes* sera créé au Sadlers Wells Theatre le 7 juin 1945, un mois après la fin de la guerre en Europe – que les Anglais ont fêtée avec des transports de joie et une légitime fierté.

Au soir du 8 mai Kathleen, accompagnée de Win et de «notre père qui êtes à Hampstead», comme elle l'appelait, monte à Hampstead Heath, d'où on domine Londres : sous un ciel balayé par des projecteurs, qui n'ont plus d'engins de mort à dépister, éclatent partout des feux d'artifice. Elle note : « VE DAY. Concert annulé. Hurrah !… Foules très sobres. » Dans ce climat d'euphorie, le succès de *Peter Grimes* est immédiat. Il apporte une consécration définitive à Britten – et fait taire ceux qui avaient vu dans son exil aux États-Unis comme une fuite devant le danger.

Cette réussite le décide à mettre aussitôt en chantier un autre opéra, mais aux effectifs orchestraux réduits, pour se conformer aux nécessités de l'époque dans une Angleterre exsangue : ce sera *Le Viol de Lucrèce,* qu'il achève au début de 1946.

VI

Vedette anglaise

Depuis la fin de la guerre en Europe en mai 1945, l'«inventeur» de Glyndebourne, qui en est aussi le propriétaire et le banquier, John Christie, après avoir rêvé, en vain, de prendre en main les destinées de Covent Garden, est impatient de pouvoir rouvrir son propre opéra de campagne.

À l'exception de Fritz Busch (qui ne recommencera à y diriger qu'en 1950), il a reconstitué son équipe d'avant-guerre : Rudolf Bing (le futur patron du Metropolitan Opera de New York) en est à nouveau directeur général, et Carl Ebert le directeur artistique. Mais c'est une coquille vide.

C'est alors que Christie reçoit les offres de service de Sir Thomas Beecham (qui avait également eu des visées, également déçues, sur Covent Garden) : le célèbre chef est prêt à diriger, pour la gloire, deux ou trois opéras, qui pourraient être *La Flûte enchantée* et *La Bohême* (accessoirement *Lucia di Lammermoor*) en juin-juillet 1946.

Ces œuvres seront finalement abandonnées au profit de *Carmen,* en français, dans sa forme originale avec les dialogues parlés. Carl Ebert, qui a entendu Kathleen Ferrier sur la recommandation de Roy Henderson, est pour beaucoup dans ce choix : il voit en Kathleen une magnifique Carmen, et il s'emploie avec insistance à vaincre ses réticences. Y serait-il parvenu ? De toute façon Beecham fera capoter l'affaire : apprenant que le rôle doit être confié à cette jeune chanteuse, qu'il n'a jamais entendue et dont ce seraient les débuts dans une œuvre lyrique, il écrit une note sèche à John Christie pour lui signifier qu'il n'est «pas prêt à prendre part à des représentations de *Carmen* servant de champ d'expérimentation à un matériau brut et inexpérimenté».

Cela, s'ajoutant à quelques commentaires peu amènes quant à la qualité des opéras de Mozart produits à Glyndebourne, et enregistrés avant la guerre, pique John Christie au vif : sa réaction, exempte de toute diplomatie, achève d'enterrer le projet Beecham.

Mais le temps a passé, et la réouverture de Glyndebourne risque d'en être retardée d'un an, à la fureur de son propriétaire. C'est alors que l'idée d'accueillir la création du *Viol de Lucrèce* est lancée : elle permettrait de rouvrir dès l'été 1946. John Christie ne cache cependant pas son peu d'enthousiasme pour la musique de Britten : mais il n'a pas d'autre choix, et il finit par se laisser convaincre.

Pourtant *Le Viol* ne sera pas à proprement parler une production de Glyndebourne, qui se bornera à financer la production sans se mêler de sa réalisation artistique. À ceci près tout de même que, le rôle de Lucrèce étant écrit pour un contralto, l'administration de Glyndebourne, Carl Ebert en tête, entend imposer Kathleen Ferrier.

De son côté Peter Pears, qui doit participer à la création de l'œuvre, convainc Britten d'entendre à nouveau sa partenaire – qu'il a retrouvée lors de nombreux concerts.

L'audition a lieu chez Britten, à Londres, en présence de son librettiste, Ronald Duncan. L'un et l'autre sont immédiatement séduits, non seulement par la voix de Kathleen mais aussi par son aisance à s'adapter à une musique à laquelle elle n'est pas habituée.

Quant à elle… Malgré l'accueil chaleureux qu'ils lui ont réservé, elle est stupéfiée quand Britten lui demande officiellement de créer le rôle de Lucrèce. Elle hésitera d'ailleurs beaucoup avant d'accepter d'entrer, avec un premier rôle aussi lourd, dans un univers musical et surtout scénique plein d'inconnues angoissantes. Elle hésite d'autant plus que le sujet du drame est de ceux que ni sa réserve innée ni son éducation ne l'ont préparée à traduire sous les feux des projecteurs.

Elle saisira pourtant cette chance d'atteindre un public nouveau, non seulement à Glyndebourne même, mais aussi au-delà des frontières où ce Festival avait acquis, avant la guerre, en quelques saisons artisanales, un succès de curiosité vite muée en estime.

Pour mieux tirer parti de la simplicité et de la dignité naturelle de son interprète, Britten remaniera le rôle. Elle le travaillera d'arrache-pied, tout en continuant à donner des concerts dont la fréquence ne cesse d'augmenter; l'année 1945 s'achève sur une série de dix-sept *Messie*, couronnant cent trente-quatre prestations diverses.

L'année 1946 sera d'égale importance en nombre, mais représente un bond en avant décisif pour sa carrière. Dès cette époque, certains critiques la portent véritablement aux nues, déplorant combien «il est difficile d'éviter les superlatifs quand il s'agit de parler de son art du chant».

Au mois d'avril elle retrouve non sans appréhension Sir John Barbirolli… qui apparemment l'avait tout de même remarquée deux ans plus tôt. Le concert a lieu de nouveau à Sheffield, mais cette fois avec *Le Rêve de Gerontius* : c'est une révélation réciproque. John Barbirolli deviendra un de ses plus proches amis, d'une fidélité qui ne se démentira pas jusqu'au dernier jour. Pour lui, elle deviendra «Katie», qu'il aidera d'abord de son prestige, qui est considérable dans les pays anglo-saxons.

Il aura en outre, musicalement, une grande influence sur elle, l'amenant notamment à mettre à son répertoire une œuvre comme *Le Poème de l'Amour et de la Mer*, de Chausson, et lui donnant une confiance en elle dont sa modestie la prive encore trop souvent. Sans doute a-t-il eu de grandes ambitions pour elle, qu'il n'a pas eu le temps de réaliser. Il dira plus tard, assez drôlement, qu'après avoir découvert toutes les possibilités de cette voix unique, il avait voulu lui éviter de devenir «cet étrange monstre quasi bovin si prisé de nos grands-parents : le contralto d'oratorio»!

Au cours de leur croissante amitié, il leur arrivera de faire de la musique de chambre ensemble, pour leur plaisir : «Katie» retrouvait alors son instrument d'origine, le piano, Barbirolli son violoncelle, et sa femme Évelyne, hautboïste, se joignait souvent à eux.

Au début du mois de juin 1946, les répétitions du *Viol* commencent à Glyndebourne. Avec deux chefs, Ernest Ansermet et Reginald Goodall, et deux distributions : l'autre Lucrèce est Nancy Evans, que Kathleen connaît et qu'elle a elle-même recommandée à Britten. Comme elle connaît également Peter Pears et la soprano Joan Cross (qui tiennent respectivement les rôles du Chœur masculin et féminin), elle ne se sent pas isolée pour cette plongée dans un univers qui lui est absolument étranger, et qui l'inquiète.

Mais elle va conquérir rapidement la sympathie de tous, des musiciens de l'orchestre aux machinistes, en passant par les habilleuses et les jardiniers. Sans oublier les maîtres des lieux, John Christie et sa femme Audrey qui, bien qu'elle ne chante plus, peut comprendre les affres de Kathleen.

L'atmosphère inimitable de Glyndebourne, comme hors du temps, l'aidera à surmonter de véritables paniques ; il est vrai qu'elle joue gros, et que le résultat est loin d'être acquis d'avance.

Sans parler des aléas inhérents à une création, il lui faut tout apprendre : marcher, faire des gestes, exprimer en les extériorisant des émotions qu'elle aurait cachées au plus profond, si elle les avait elle-même éprouvées. Elle se sent empruntée, misérable, et l'arrivée des costumes (sa perruque surtout, raide et peu seyante) ne fera qu'aggraver son malaise : «Je n'imaginais pas la difficulté de faire le moindre mouvement du bras sans avoir l'impression d'être un moulin à vent déglingué!»

La veille de la première, elle laisse échapper : «Que ne donnerais-je pour un paisible *Messie!...* » Mais Ansermet, qui peut être un chef autoritaire et difficile, a tout fait pour la mettre autant que possible à l'aise : il a d'emblée reconnu en elle une artiste rare, et s'est employé à la familiariser en douceur avec ce mode d'expression si nouveau pour elle. Il la soutiendra : elle le sait.

Le 12 juillet 1946, par une glorieuse après-midi d'été qui inciterait plutôt au farniente dans cette verte et paisible campagne anglaise, la petite salle du manoir de Glyndebourne accueille à nouveau son public, pour la première fois depuis six ans : beaucoup d'absents, mais les sombres souvenirs sont un moment comme effacés. Cette réouverture est un événement, doublé par le fait qu'il s'agit de la création d'un nouvel opéra, seul au programme de la saison, et de surcroît l'œuvre d'un jeune compositeur dont la Grande-Bretagne est fière.

Ansermet est au pupitre, solide, Kathleen Ferrier est Lucrèce, transie de trac...

Pour sa voix, sa voix «glorieuse», la critique sera unanime.

Elle chantera neuf des quatorze représentations du *Viol* à Glyndebourne : pour elle, le pari est gagné – même si elle continue à se sentir désespérément gauche en scène.

L'œuvre elle-même suscitera des réactions diverses, mais rarement enthousiastes de la part du public. Cet accueil mitigé sera encore plus sensible lors de la tournée des soixante-sept représentations qui seront données de la fin de juillet à la fin de septembre à travers les principales villes d'Angleterre, et notamment à Londres au Saddlers Wells Theatre.

Financièrement c'est encore plus décevant ; la note à payer par Glyndebourne sera « fabuleuse », selon l'expression de John Christie, qui en a pourtant vu d'autres. Cela achèvera de le dégoûter de l'opéra contemporain, et de ce genre de créations dans son théâtre.

Il résulte de tout cela une morosité, une tension au sein de la troupe que le moindre incident met en ébullition. Sensible plus que bien d'autres à ce climat empoisonné, Kathleen se révèle une camarade adorable, d'une humeur constamment enjouée, attentive à ses compagnons d'infortune, et dont l'humour sait avoir des vertus lénifiantes. Beaucoup plus tard, avec une belle franchise, Britten dira tout haut sa gratitude pour les efforts qu'elle avait déployés tout au long de cette tournée difficile, apaisant en particulier un conflit aigu entre lui et son interprète privilégié, et sauvant ainsi une amitié essentielle vraiment menacée.

Heureusement la troupe trouvera en Hollande, au début du mois d'octobre, un accueil tout différent, qui effacera partiellement les mauvais souvenirs des deux mois précédents.

Pour sa part Kathleen est maintenant entrée véritablement dans son personnage ; elle le sent au point que, même si la violence exprimée à la fin de l'ouvrage lui demeure viscéralement étrangère, elle se laisse emporter par l'action. Un beau jour elle chante, sans y penser, le *la* aigu que Britten, à son intention, avait rendu facultatif et remplacé par un *fa* dièse. Désormais elle chantera toujours ce *la*, sans difficulté.

Et puis cette tournée, pour elle qui n'a encore jamais quitté son île, c'est une joie de découvrir un pays étranger, à l'hospitalité chaleureuse ; un agent de concert, Peter Diamond, bientôt directeur du Festival de Hollande, l'a accueillie à sa descente de bateau. Il va lui servir de mentor et devenir avec le temps non seulement l'un de ses plus fervents supporters mais aussi un ami, qu'elle retrouvera souvent dans les années à venir. C'est lui qui, par la confiance qu'il a en son talent, l'imposera au public hollandais. Sans mal d'ailleurs ; encore fallait-il le vouloir.

Après cette longue et fatigante tournée, Kathleen s'évade au Danemark pour quelques jours de vacances avec l'un de ses camarades du *Viol*, Aksel Schiötz et sa femme devenus des amis. Elle y oublie les émotions variées qu'elle doit à ce premier contact avec l'opéra ; mais elle n'a pas encore conscience que Britten vient de lui ouvrir la voie vers une carrière internationale.

Pourtant Kathleen apprendra l'année suivante que la firme HMV a réalisé en studio un enregistrement intégral du *Viol*... avec Nancy Evans ! Elle ne pourra s'empêcher d'en ressentir un peu d'amertume – mais n'en tiendra pas rigueur à Nancy, non plus d'ailleurs qu'à Britten.

VII

Walter et Mahler

Sur la dernière page du programme de réouverture de Glyndebourne 1946 figurait l'avant-programme d'une nouvelle «invention» de John Christie, de sa femme Audrey, et de Rudolf Bing : le Festival international de musique et de théâtre d'Édimbourg.

Prévu pour l'été 1947, on y annonçait entre autres l'Orchestre philharmonique de Vienne et Bruno Walter (réunis pour la première fois depuis 1938), des concerts de musique de chambre avec Schnabel, Szigeti, William Primrose, Pierre Fournier, Lotte Lehmann, du théâtre avec la Compagnie Louis Jouvet, etc.

Il était encore indiqué que Miss Kathleen Ferrier chanterait pour la première fois sous la direction de Bruno Walter (*Le Chant de la Terre*, de Gustav Mahler).

Ce dernier point représente une victoire personnelle de Rudolf Bing : il avait insisté auprès de Bruno Walter, qui avait déjà engagé Peter Pears pour la partie de ténor et qui avait une autre contralto en vue, pour qu'il entende la jeune artiste anglaise. Walter avait fini par accepter, sans enthousiasme.

Il finit par l'entendre chez des amis, à Londres. Elle lui chante des lieder de Brahms et de Schubert ; il l'écoute, stupéfait, puis il la prie de déchiffrer quelques mesures du *Chant de la Terre*, qu'elle ne connaissait pas…

Malgré son expérience, et ses soixante et onze ans, c'est pour lui une sorte de coup de foudre : « Elle avait le charme d'une enfant et la dignité d'une Lady, à la fois fille de la campagne et prêtresse », dira-t-il. Quant à la voix : « Une beauté rare, une émission naturelle, une chaleur expressive, une musicalité innée, une personnalité. »

À partir de cette première rencontre, il multipliera les occasions de travailler avec elle : « Ah ! si j'avais vingt ans de moins, tout ce que nous aurions pu faire… », soupire-t-il un jour devant sa fille – qui lui demande avec une pointe d'ironie : « Seulement musicalement ? »

Aussitôt après Édimbourg, Bruno Walter l'engage pour une *Neuvième Symphonie* de Beethoven à l'Albert Hall au mois d'octobre 1947, et jette les bases de sa venue aux États-Unis dès l'année suivante.

De son côté Kathleen, d'abord fortement impressionnée par la dimension et la réputation du chef allemand (devenu américain après avoir quitté son pays dès 1933 à cause de la montée du nazisme, puis l'Autriche, où il s'était réfugié, après l'Anschluss en 1938) se sentira presque d'emblée en confiance. Elle sera conquise par la simplicité avec laquelle il viendra travailler sur le piano droit de Frognal Mansions quand ils commenceront à répéter *Le Chant de la Terre*.

Si, pour lui, elle représente «l'une des expériences les plus heureuses de ma vie de chef d'orchestre», il l'aide à prendre conscience de la qualité de son chant et de ses possibilités à une époque où, malgré ses succès répétés et grandissants, elle ne croit pas encore vraiment à sa carrière.

Leur amitié grandira au rythme de leurs rencontres, tout comme l'ascendant musical qu'il aura sur elle, tant pour son répertoire que pour ses interprétations. Ce qu'il lui insuffle par sa seule présence fait de chaque concert qu'elle donne avec lui un accomplissement.

Enfin Bruno Walter lui ouvre les portes de l'univers mahlérien, pour lequel sa voix semble avoir été créée mais qu'elle ignorait ; c'est lui qui l'initiera aux *Kindertotenlieder* qu'elle chantera comme personne (elle les interprétera pour la première fois le 25 novembre 1947 à la BBC, mais sous la direction de Mosco Carner). Son instinct la fait se couler dans ces lignes mélodiques, et les traduire avec une émotion intense qui la bouleverse elle-même.

Au cours des premières répétitions avec orchestre du *Chant de la Terre*, elle est chaque fois en larmes à la fin de l'*Adieu*. Elle est furieuse de se donner ainsi en spectacle, mais incapable de se dominer ; au reste, l'émotion qu'elle exprime alors est telle que Bruno Walter lui-même, et bien des instrumentistes, ont aussi les yeux humides.

Ce n'est qu'en présence du public qu'elle arrivera à se maîtriser, «pour faire pleurer les autres, et non pas moi!».

Elle chantera cette œuvre monumentale une vingtaine de fois en public, mais ne pourra jamais s'empêcher d'éprouver dans sa dernière partie une intensité d'émotion qui la laisse bouleversée.

Il n'y avait pourtant aucune sentimentalité, aucune mièvrerie en elle – seulement une sensibilité à fleur de peau qu'elle s'efforçait de contenir dans la vie de tous les jours, sous des dehors naturellement gais. Il y avait un étonnant contraste entre l'intensité dramatique de ses interprétations et sa fantaisie, sa gourmande joie de vivre aussitôt sortie de scène. Sans doute était-ce un moyen instinctif de se protéger des agressions constantes du monde moderne.

C'est ainsi par exemple qu'elle refusait absolument de voir des films de guerre, ou seulement dramatiques, s'en tenant aux seules comédies. De même elle évitait toute discussion qui aurait pu dégénérer en affrontement, comme entre autres dans le domaine de la politique. Tout ce qui évoquait si peu que ce soit l'agressivité et la violence lui était insupportable.

Le premier Festival d'Édimbourg s'ouvre donc le 24 août 1947, avec une représentation de *Macbeth* de Verdi, qui alternera jusqu'au 13 septembre avec *Les Noces de Figaro* de Mozart – deux productions jugées assez médiocres compte tenu des aspirations de l'équipe de Glyndebourne.

Le 11 enfin, c'est *Le Chant de la Terre* avec Kathleen Ferrier, Peter Pears et l'Orchestre philharmonique de Vienne dirigé par Bruno Walter : tout concourt à faire de ce concert un événement... sauf la musique ! C'est Bruno Walter, l'élève et l'ami de Mahler, qui a imposé cette œuvre, créée par lui en novembre 1911, peu après la mort du compositeur.

Trente-six ans plus tard, cette musique n'est pas à la mode : seuls les noms des interprètes ont attiré un public nombreux et international. Comme d'autres, le critique du *Times* met l'accent sur la longueur de l'œuvre, l'ennui triste qui s'en dégage, son côté pompeux, mais dont la direction de Bruno Walter, reconnaît-il, tire le maximum.

Quant à Kathleen Ferrier, elle ne recueille qu'éloges superlatifs.

Pour elle, ce premier Festival d'Édimbourg sera « inoubliable ».

Il est évident que l'association avec Bruno Walter lui a ouvert, sur tous les plans, de nouvelles perspectives ; il a contribué, non seulement par sa notoriété mais par ce qu'elle a retiré de son travail avec lui, à la hisser d'un coup au plus haut niveau. Et c'est ainsi que le public désormais la voit.

Indépendamment de la qualité de sa voix, son humilité devant la musique, sa disponibilité d'esprit et ses facultés d'assimilation lui permettent de tirer le meilleur parti de tout ce qui lui est offert. Pour son « Prof », Roy Henderson, qui en est lui-même un exemple : « Elle avait le don de prendre chez chacun (Gerald Moore, les chefs d'orchestre, les Tillett, etc.) ce qu'ils avaient de mieux à donner. »

Mais jusqu'à la fin, elle s'inquiétera le plus sérieusement du monde : « C'était bien ? »

À peine le Festival d'Édimbourg terminé, elle retrouve la tunique et la perruque de Lucrèce pour une nouvelle et courte tournée en Angleterre. Deux représentations sont données à Londres les 14 et 17 octobre, mais cette fois à Covent Garden. C'est sa première apparition sur cette scène prestigieuse. Elle écrit, incrédule mais ravie : « De Carlisle à Covent Garden en cinq ans ! Lucky Kaff ! »

Elle a adopté ce diminutif, « Kaff », donné naguère par le petit garçon d'une de ses amies, incapable à trois ans de prononcer le « th » de son prénom ; et comme il avait fait précéder ce diminutif de l'adjectif *clever* (qu'on pourrait traduire ici par « astucieuse ») elle avait adopté pour elle-même avec humour le surnom de « Klever Kaff ». Elle signait souvent ses lettres à ses proches, et les tableaux qu'elle peindra plus tard, des deux initiales K. K. (prononcer KayKay !).

L'année 1947 se terminera pour Klever-Lucky-Kaff par une nouvelle série de quatorze *Messie* et surtout, les 18 et 19 décembre, par l'enregistrement de la *Rhapsodie pour alto* de Brahms avec le London Philharmonic Orchestra sous la direction de Clemens Kraus – peut-être le seul de ses enregistrements qui trouvait véritablement grâce à son oreille.

C'est son deuxième enregistrement pour Decca (le premier, réalisé dès février 1946, a connu sous le titre *What is life,* traduction anglaise de l'air fameux de l'*Orphée* de Gluck, un durable succès) : après avoir rempli son contrat avec Columbia (des duos de Purcell et de Mendelssohn avec Isobel Baillie, accompagnés par Gerald Moore), elle a souhaité quitter cette firme. Elle n'aimait pas la personnalité de Walter Legge, qui présidait à ses destinées : elle n'appréciait ni ses interventions constantes dans le domaine de la technique vocale, ni surtout la façon, parfois grossière, dont il lui faisait entendre qu'elle était tout à fait à son goût. C'est donc avec soulagement qu'elle est arrivée chez Decca, à qui elle restera désormais fidèle (à une exception près, mais avec leur bénédiction).

Mais bien d'autres événements importants ont encore marqué cette année 1947, qui s'achève : pour elle Glyndebourne a monté l'*Orphée* de Gluck, dans la version pour contralto revue par Berlioz… mais avec les paroles italiennes de la version originale ! Ce mélange était essentiellement dû à la détestation de John Christie pour tout ce qui était français en général, et pour la langue française en particulier.

Malgré ses préventions toujours aussi fortes à l'égard de la scène, Kathleen avait accepté le rôle d'Orphée avec enthousiasme : après en avoir chanté séparément les airs, elle se réjouissait de l'interpréter intégralement.

Arrivée à Glyndebourne le 12 mai pour les répétitions, elle verra sa joie transformée en désespoir par la grossièreté, la hargne du chef d'orchestre Fritz Stiedry – qui la fera pleurer à plusieurs reprises au cours de répétitions orageuses. Elle s'en veut d'être aussi vulnérable, et elle lui en veut de sa brutalité, car elle sait bien qu'il n'a pas toujours tort quand il lui reproche de n'être, suprême injure, « qu'une chanteuse d'oratorio » !

Ce n'est évidemment pas en la rudoyant qu'il l'aidera à vaincre sa gaucherie en scène, dont elle n'a déjà que trop conscience.

Ses camarades, et particulièrement la soprano américaine Ann Ayars qui chante Eurydice, l'aideront à tenir jusqu'aux représentations, finalement d'un niveau médiocre : un Carl Ebert peu inspiré, la direction sèche de Stiedry y sont pour beaucoup, sans parler des ballets, unanimement jugés nuls.

Mais la voix de Kathleen Ferrier fait passer sur tout le reste, y compris ses propres attitudes gestuelles encore empruntées, et qu'elle est la première à déplorer. Seize rappels à l'issue de la première la réconfortent, comme la réconfortera l'ensemble de la critique : « Un Orphée idéal », résume *The Listener* de Londres. Jamais sans doute l'expression « prise de rôle » ne s'appliquera mieux : elle le marque, au moins vocalement, d'une façon inoubliable.

Cet *Orphée* sera la seule production « maison » de ce Festival de Glyndebourne 1947, qui accueille cependant en invité l'English Opera Group que Britten vient de fonder ; et c'est ainsi que Glyndebourne, malgré les réticences d'un John Christie échaudé par la ruineuse expérience de l'année précédente avec le *Viol*, verra la création de son nouvel opéra, *Albert Herring*, donné en alternance avec les neuf représentations d'*Orphée,* suivies d'une reprise du *Viol de Lucrèce* avec Kathleen Ferrier et le jeune ténor Richard Lewis, qui allait devenir un habitué des lieux.

Kathleen, quant à elle, ne gardera pas un bon souvenir de cette saison à Glyndebourne.

Elle y était pourtant arrivée l'esprit libéré d'un problème qui la préoccupait depuis des années : Bert, qu'elle avait vu épisodiquement au hasard de ses permissions pendant la guerre (qu'il avait traversée sans encombre, et qui avait été démobilisé après la fin du conflit) ne s'était pas opposé à ce qu'elle demande l'annulation de leur mariage. Celle-ci avait été prononcée au mois de mars 1947 ; cela s'était fait sans heurts ni ressentiments – ce qui leur permettra de continuer à se rencontrer de temps à autre, même après que Bert se fut remarié avec une amie de Kathleen.

C'est donc une femme libre, auréolée d'une gloire naissante grâce à une voix qui s'épanouit constamment et qu'elle maîtrise désormais magnifiquement, qui aborde l'avenir en cette fin d'année 1947.

VIII

Au-delà des Îles

Les retombées de ses succès ne se sont pas fait attendre : le 1ᵉʳ janvier 1948, elle embarque sur le *Mauretania* pour New York, accompagnée de son impresario John Tillett. Elle découvre avec une joie exubérante – que la mer très forte ne perturbe pas un instant – la vie luxueuse des paquebots : «Je me sens une parfaite diva!»

Émerveillée, elle assistera du pont du bateau à l'apparition des gratte-ciel de Manhattan, féerique sous la neige que fait étinceler un clair soleil d'hiver.

Cette première tournée, d'un mois seulement, doit commencer par trois concerts au Carnegie Hall de New York avec Bruno Walter : il a tenu à ce qu'elle soit la soliste des deux *Chant de la Terre* qu'il y donne les 15 et 16 janvier avec l'Orchestre philharmonique de New York (le ténor étant Set Swanholm, du Metropolitan Opera), avant un récital Mahler le 18. C'est vraiment entrer aux États-Unis par la grande porte. D'autant que Bruno Walter, généralement peu démonstratif, l'a présentée à la presse avec des superlatifs : «La plus grande cantatrice depuis Emma Calvé. »

Mais les rues qu'un vent coupant rend glaciales, et le contraste avec les appartements surchauffés (dont les Européens avaient perdu l'habitude) ont d'abord raison d'elle : un gros coup de froid avec une forte fièvre la cloue au lit dès le lendemain.

Deux jours plus tard elle est aphone, et doublement angoissée à la pensée qu'elle pourrait ne pas chanter : ce serait, financièrement et à la lettre, une catastrophe, et puis elle serait désespérée de faire défaut à Bruno Walter…

Mais, vigoureusement soignée par le médecin de Ruth Draper (à l'affiche à Broadway, et qui est venue l'accueillir au bateau), elle est heureusement capable de participer aux répétitions du *Chant de la Terre*. Elle sera à peu près rétablie vocalement pour le premier concert. Mais elle a eu chaud !

Les critiques sont inégales : excellentes dans le *Telegram* et le *Herald Tribune*, boudeuses dans le *Sun* et le *New York Times*. Le public, lui, clame son enthousiasme. Et après l'écoute à la radio du second concert (auquel assistait la fille de Mahler, qui tiendra à la féliciter), Leopold Stokowski prend la peine d'écrire à la Société philharmonique de New York : «La mezzo qui a chanté hier dans *Le Chant de la Terre* de Mahler a été simplement superbe : voix ample, admirable, musicalité parfaite, phrasé souple, interprétation émouvante. À tous égards une magnifique exécution : je tiens à vous remercier pour le plaisir que j'ai pris à l'écouter, et à vous féliciter d'avoir choisi une aussi parfaite artiste pour ce chef-d'œuvre.»

Malgré ces cautions, elle dira avec simplicité et sincérité : «Je pense qu'il faut être beaucoup plus âgée que je ne le suis pour chanter cette œuvre.»

Ce séjour américain se poursuit avec une courte tournée au Canada (en particulier à Ottawa) puis à Chicago, pour deux récitals, qui recueillent un beau succès malgré des programmes difficiles (avec entre autres les *Quatre chants sérieux* de Brahms). Elle est accompagnée par le pianiste Arpad Sandor ; outre leur bonne entente sur le plan musical, elle trouve en lui un contrepoids à la présence de John Tillett, vieillissant et peu préparé aux aléas d'une telle tournée.

Elle retrouvera avec plaisir New York, où Bruno Walter lui a proposé de lui faire travailler de nouveaux lieder (ce qu'elle a accepté avec joie) pour de futurs récitals, notamment au cours d'une nouvelle tournée de plus grande envergure à travers l'Amérique du Nord, l'année à venir.

Au cours de ce séjour, elle découvre la fameuse hospitalité américaine (qui lui permet de rencontrer des musiciens tels qu'Arthur Schnabel ou Elisabeth Schumann) ainsi que les splendeurs du Metropolitan Museum ou de la Frick Collection. Elle est heureuse d'être accompagnée dans ces visites car, seule, elle ne prend aucun plaisir à courir les musées ou les expositions.

Elle s'embarque le 5 février sur le *Queen Mary* : le bilan de ce premier contact avec le Nouveau Monde est à peu près nul financièrement, mais artistiquement bien résumé par ce qu'en dit dans son numéro de février la revue *Musical America* (une page entière, illustrée) : «Une trouvaille de Bruno Walter : elle n'a pas son égale dans *Le Chant de la Terre*... Ses débuts américains ont confirmé ses triomphes européens. »

Rentrée le 10 février 1948 à Londres, sans prendre le temps de souffler ni même de vraiment répéter, elle est dès le lendemain la soliste de *Gerontius* à l'Albert Hall sous la direction de Malcolm Sargent (en présence des princesses Elizabeth et Margaret et du duc d'Édimbourg, auxquels elle est présentée) et, le jour suivant, à la cathédrale de Bristol pour un récital accompagné à l'orgue.

Récitals, radios et concerts avec orchestre se suivront alors au rythme moyen d'un tous les deux jours (avec des œuvres telles que la *Passion selon saint Matthieu*, le *Messie* ou le *Stabat Mater* de Pergolèse) avant qu'elle ne retourne en Hollande au début du mois d'avril pour une série de concerts qu'a voulus et organisés à ses frais Peter Diamond.

C'est sa première apparition dans ce pays comme concertiste : cent cinquante personnes seulement se dérangent pour son premier récital le 11 avril à Amsterdam (avec un programme varié allant de Bach à Britten, en passant par Haendel, Schubert, Brahms, Vaughan Williams et Michael Head).

La critique est telle que le lendemain à La Haye, et quatre jours plus tard à Rotterdam, les salles sont pleines.

Devant ces succès, un second récital est organisé à Amsterdam dans la petite salle du Concertgebouw, comble cette fois, après deux émissions de radio à Hilversum. La première de ces séances est consacrée aux *Kindertotenlieder*, dirigés par Albert van Raalte.

Après un bref séjour à Londres, elle retourne à la fin d'avril en Hollande (par avion, qu'elle prend, avec appréhension, pour la première fois) pour un nouveau récital à Amsterdam, et un *Chant de la Terre* à Utrecht sous la direction de Willem van Otterloo. Elle chantera encore cette même œuvre à deux reprises, mais sous la direction de George Szell, à l'occasion du Festival de Hollande, au mois de juillet suivant : ce sera sa troisième visite dans ce pays en moins de quatre mois, et son succès y est au sommet. Peter Diamond a gagné : pour toujours elle a conquis le public hollandais qui, aujourd'hui encore à travers ses disques, lui reste indéfectiblement fidèle.

Après tous ces succès, qui l'épanouissent, elle part pour une quinzaine de jours de vacances en Irlande avec un de ses amis, Rick Davies, un jeune antiquaire de Liverpool.

Kathleen vient d'avoir trente-six ans, et à tous égards elle a atteint une éclatante maturité. Pourtant, même si elle a des amis, c'est une femme seule, que sa carrière accapare. Désormais il lui faut se faire seconder, tant à Frognal Mansions (sa sœur Win est trop occupée de son côté, et leur père, maintenant âgé de quatre-vingts ans, ne peut être abandonné à lui-même) que pour son secrétariat : une jeune élève de Roy Henderson, dite «Paddy», remplira parfaitement ce rôle d'intendante-secrétaire tout en poursuivant ses études de chant.

Mais surtout la vie affective de Kathleen est mangée par la musique : elle en est plus consciente que quiconque, et sa rencontre avec Rick lui a rendu d'autant plus sensible ce dilemme qu'ont connu nombre d'artistes. Elle adore les enfants, elle serait heureuse au centre d'un foyer familial près d'un mari protecteur. Mais ce rêve, qu'elle caresse parfois en secret, est-il compatible avec sa carrière, qui lui apporte maintenant tant de joies ? Pourrait-elle les sacrifier ? Comment mesurer ce que peut éprouver un artiste devant le public d'une salle immense, debout pour l'acclamer ? «Ah! ça vaut le coup!», s'exclamera-t-elle dans une telle circonstance en sortant de scène à l'Albert Hall, rayonnante.

De plus en plus cette carrière exigera une disponibilité exclusive, ou presque, de toute liberté : seul peut-être un musicien le comprendrait, pourrait l'accepter. Mais serait-ce pour autant un gage d'harmonie réelle ? Certes, elle a sous les yeux quelques exemples de réussites de ce genre, comme celle de Gerald Moore et de sa femme Enid ; mais à y regarder de près, ils sont singulièrement rares... Et Rick n'est pas musicien. C'est avant tout la femme qui l'a séduit.

Sans doute ont-ils profité de leur évasion irlandaise sans trop se poser de questions ; même s'ils ont certainement évoqué l'avenir.

Pour Kathleen, après son retour à Londres pour une *Rhapsodie* de Brahms dans le cadre d'un Concert Promenade à l'Albert Hall, l'avenir immédiat, c'est sa participation au Festival d'Édimbourg 1948, le deuxième mais déjà fameux, qui draine un public choisi venu d'un peu partout, malgré les difficultés que posent encore les voyages, si près de la fin de la guerre. Elle y donne un récital avec Gerald Moore le 26 août, et y chante trois jours plus tard la *Messe en si*, sous la direction de Malcolm Sargent.

Puis ce sont coup sur coup, en trois jours, à Worcester deux *Passion selon saint Matthieu*, deux *Gerontius*, *La Damoiselle élue* de Debussy, et le *Messie* – programme écrasant avant l'envol pour Copenhague le 17 septembre, début d'une courte tournée au Danemark et en Suède.

De retour à Londres le 30 septembre, un programme chargé l'attend : si le nombre des concerts est élevé (plus de trois par semaine en moyenne), c'est surtout leur importance qui frappe. Ainsi, par exemple, la série de quatre exécutions des *Kindertotenlieder* avec John Barbirolli entre le 13 et le 22 octobre – une œuvre à laquelle sa voix confère un caractère particulièrement poignant. Elle la chantera souvent désormais, notamment encore le 7 décembre à l'Albert Hall avec Joseph Krips, puis le 29 décembre à Édimbourg – alors que d'âpres pourparlers sont en cours entre leurs deux maisons de disques pour qu'elle puisse l'enregistrer sous la direction de Bruno Walter.

Decca acceptera finalement de «prêter» son contralto à EMI : l'enregistrement sera réalisé à Londres quelques mois plus tard, le 4 octobre 1949, avec l'Orchestre philharmonique de Vienne. Dès sa parution, le public réservera à ce disque un accueil enthousiaste, qui popularisera à la fois l'œuvre et l'interprète. Quarante ans plus tard, reporté en CD, c'est toujours l'enregistrement de référence ; de fait, il est peut-être le témoignage le plus achevé de l'association Ferrier-Walter, à travers l'univers de Gustav Mahler.

Cette année 1949 a représenté en réalité l'essor d'une carrière désormais internationale : sur ses quelque cent vingt concerts et émissions de radio, plus de la moitié ont été donnés à l'étranger.

Kathleen sur la plage, à treize ans.
Photo : Coll. part.

« Trio des téléphonistes ».
Kathleen est à droite.
Photo : Coll. part.

À Workington, en décembre 1938.
Photo : Coll. part.

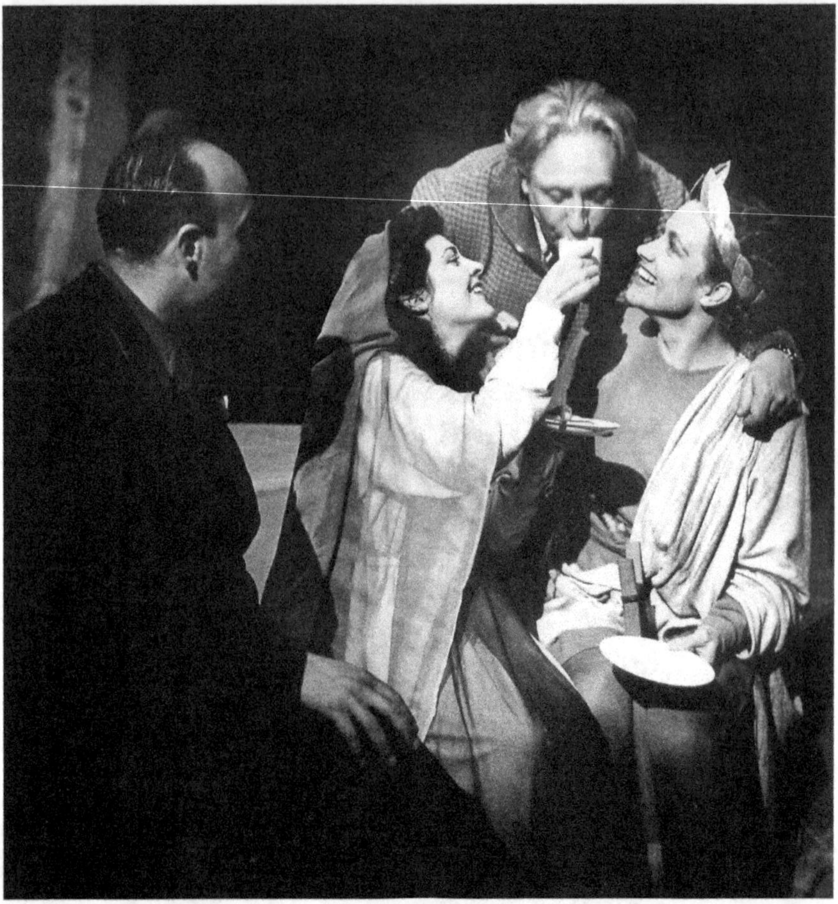

PAGE PRÉCÉDENTE, EN HAUT :
Glyndebourne, 1947
Pause pendant une répétition
d'*Orphée*
Anne Ayars, Carl Ebert,
Kathleen Ferrier ;
à gauche, Otakar Kraus
Photo : Maria Austria/MAI Amsterdam.

EN BAS :
Kathleen et Rick Davies.
Photo : Coll. part.

CI-DESSUS
Glyndebourne, 1946.
Autour de la partition
du *Viol de Lucrèce*.
De gauche à droite :
Benjamin Britten, Otakar Kraus,
Kathleen Ferrier, le metteur en
scène Eric Crozier, Peter Pears,
Ernest Ansermet, Nancy Evans.
Photo : *The Times*, Londres.

PAGE PRÉCÉDENTE, EN HAUT :
Kathleen et Gerald Moore.
Photo : Coll. part.

PAGE PRÉCÉDENTE, EN BAS :
Avec Sir John Barbirolli, avant
la première exécution
du *Poème de l'Amour et de la Mer.*
Photo : Coll. part.

EN HAUT :
Édimbourg, 1951.
Récital avec Bruno Walter.
Photo : Norward Indis Édimbourg.

EN BAS :
Travail pour *Abraham et Isaac*
avec Benjamin Britten et Peter Pears.
Photo : *Nottingham Journal* Ltd.

Orphée retrouvé, Amsterdam, juillet 1951.
Photo: Maria Austria/MAI Amsterdam.

IX

Le sacre américain

À peine a-t-elle enregistré des lieder de Schubert avec Phyllis Spurr, qu'elle s'envole avec sa fidèle accompagnatrice pour une série de douze récitals (en quinze jours!) en Hollande, avant de passer directement en Irlande pour trois autres concerts. Un bref passage à Londres (deux *Stabat Mater* de Dvorák avec Rafael Kubelik, à l'Albert Hall et à la BBC, en même temps que de nouvelles séances d'enregistrement avec Phyllis Spurr et l'altiste Max Gilbert), et c'est l'embarquement sur le *Queen Mary* le 18 février 1949 à destination de New York, point de départ d'une nouvelle tournée, cette fois de trois mois, à travers le continent nord-américain.

Elle est seule pour ce voyage : John Tillett est mort quelques mois plus tôt, et elle en a été très atteinte. Mais sa femme, Emmie, devenue pour elle une amie, a repris le flambeau au sein de l'agence, et s'occupe dorénavant de sa carrière.

Malgré une tempête qui retarde de trente-six heures l'arrivée du bateau (mais qui n'affecte en rien son appétit : cette terrienne a le pied marin!), elle se sent en forme pour affronter cette nouvelle aventure.

D'autant que ses craintes latentes sont apparemment vaines : ses douleurs au sein s'étant réveillées une fois de plus, elle est allée consulter un autre médecin. Pas plus que son confrère, quatre ans plus tôt, il ne décèle la moindre anomalie : à la lumière de ce qui arrivera par la suite, on peut se demander si ces deux examens, provoqués par une même douleur localisée, n'ont pas été dramatiquement superficiels...

Cette deuxième tournée américaine va lui apporter de grandes satisfactions, tout en lui réservant aussi des moments difficiles.

L'organisation, sous la responsabilité de son agent new-yorkais, Columbia Concerts, en est trop souvent déficiente, et sera au moins partiellement responsable du fait que ses seize semaines de concerts se solderont par un bénéfice dérisoire : 1 500 dollars – qu'elle écornera après avoir découvert le nylon, véritable providence des artistes en tournée.

Elle apprend à se battre («sans pleurer», précise-t-elle avec fierté) et même à jouer en dernier ressort les divas – constatant avec surprise que «ça marche».

Mais c'est surtout avec Arpad Sandor, pourtant retrouvé avec plaisir, qu'elle va connaître ses plus grosses difficultés. Il est en pleine crise de dépression ; si les premiers récitals se passent sans problème (elle a en particulier un triomphe à Montréal le 10 mars, et un autre le 16 à Pittsburgh), son comportement et son jeu font bientôt apparaître la dégradation de son état. Le 28 mars, elle donne son premier récital au Town Hall de

New York, où elle a chanté trois semaines plus tôt une version de concert d'*Orphée* : la critique, sévère pour l'ensemble de la production, a été unanimement louangeuse pour Kathleen. Ce qui explique que, malgré l'installation d'une centaine de chaises sur la scène, on a dû refuser du monde pour son récital avec Sandor, consacré à Bach, Haendel, Schubert, et se terminant avec les *Chants sérieux* de Brahms.

Le public (au milieu duquel elle peut reconnaître, entre autres, Bruno Walter et Elisabeth Schumann) lui fait, debout, une interminable ovation. Malgré trois bis, il faut baisser le rideau pour que le public, frénétique, quitte enfin la salle.

Curieusement, les critiques seront mitigées – mais sa photo fera la couverture du numéro d'avril de *Musical America*. Pour Kathleen, c'est la réaction du public qui importe.

Et puis, que sont ces réserves de la critique en comparaison des affres qu'elle a ressenties tout au long de ce récital à cause d'Arpad Sandor, devenu imprévisible et qui « arrange » désormais Schubert ou Brahms selon son humeur... quand il est audible ! À plusieurs reprises, entre ses propres phrases, elle a dû lui souffler de jouer plus fort... La question de son remplacement se pose de façon aiguë ; mais par qui ? Et comment le lui faire comprendre ?

Quelques séances de travail avec Bruno Walter, en vue du prochain Festival d'Édimbourg, la distraient heureusement de ce lancinant problème.

Mais il lui faut repartir, avec un Sandor de plus en plus déprimé, de moins en moins sûr. Si le premier concert à Ottawa le 30 mars, dans une salle immense où elle n'est pas à son aise, se passe à peu près bien (public chaleureux, bonnes critiques), Sandor s'effondre littéralement le surlendemain à Chicago, et demande lui-même à s'arrêter.

Kathleen doit trouver une solution de toute urgence, sinon c'est pratiquement tout le reste de la tournée qui sera compromis : elle ne peut se permettre sur aucun plan de l'annuler. Les nouveaux amis qu'elle s'est faits l'aident activement, et lui permettront, avec leurs relations, de sortir de ce mauvais pas.

Grâce à l'élégance de la basse George London – qui est pourtant en tournée de concerts avec lui, mais accepte de le libérer pour Kathleen, dont la réputation va grandissant –, le pianiste canadien John Newmark la rejoint en catastrophe le 14 avril pour prendre la relève d'un Arpad Sandor à bout de nerfs et de forces. Le 18, à Battle Creeck, dans le Michigan, ils donnent leur premier concert ensemble. Ils ont eu très peu de temps pour répéter, mais il est assez fin musicien et expérimenté pour s'adapter immédiatement à ce qu'elle souhaite : elle est rassurée musicalement dès leur premier contact. Et très vite elle découvrira en John Newmark un homme charmant, plein d'attentions : il s'avérera bientôt un compagnon de voyage idéal, avant de devenir un véritable ami.

Quant à lui, il est conquis dès qu'il voit cette « grande et ravissante jeune femme », dont le frappent d'abord « la qualité de la peau de son visage et la chaleur de son sourire… Au bout de trois jours nous nous appelions par nos prénoms – sans que la familiarité américaine habituelle y fût pour rien… Les concerts avec elle étaient un plaisir sans mélange, et les répétitions un plaisir plus grand encore… Kathleen Ferrier n'est pas qu'une cantatrice, elle est un vrai miracle, avec un M majuscule ! »

Après un saut en avion à La Havane le 6 mai pour un récital qui déclenche des envolées lyriques tout à fait impressionnantes de la critique, elle prend, seule, quelques jours de repos à Miami (où l'attendent une émission de radio et deux concerts avec orchestre… qu'elle honore avec un teint d'écrevisse dû à des bains de soleil imprudents).

Elle retrouvera John Newmark pour ses derniers récitals au Kentucky et dans le Wisconsin.

Le 28 mai 1949, elle embarque sur le *Queen Elizabeth* : à la salle à manger, elle partage une table avec Benno Moiseivitch et Jascha Heifetz. Avec de tels artistes à bord, le traditionnel concert donné en mer au profit des œuvres des marins a dû être pour le moins intéressant !

À peine peut-elle passer quelques jours chez elle à Londres, près de son père et de Win : le 10 juin, elle doit s'envoler à nouveau pour le Festival de Hollande. Son séjour va durer plus de cinq semaines qui seront bien remplies.

Dès le lendemain de son arrivée à Amsterdam commencent les répétitions de l'*Orphée* de Gluck sous la direction de Pierre Monteux. Sept représentations en seront données, à bureaux fermés.

Si elle continue à se sentir «minable» en scène pendant les répétitions, elle est vocalement tellement à l'aise dans le rôle d'Orphée – malgré un coup de froid heureusement vite jugulé – qu'après la dernière représentation elle reconnaîtra : «Je crois que le rôle me va très bien.»

Public et critique partagent à l'évidence cette appréciation, qui lui réservent un triomphe : à son hôtel, aussi bien que sur scène, elle croule sous les gerbes de fleurs.

Pour la première, qui a eu lieu le 24 juin et à laquelle assistaient la reine Juliana et le prince Bernhard, certains de ses amis sont venus de Londres en compagnie de Win. Parmi eux, Rick : leurs relations sont arrivées à un tournant crucial. Il la presse de l'épouser ; elle l'envisage sérieusement... Mais l'heure du choix, si difficile pour elle, n'est pas encore venue : elle lui demande de patienter encore et, s'il en souffre sans doute, il est assez sensible lui-même pour comprendre toutes les conséquences, tous les bouleversements qu'une telle décision peut comporter dans la vie et la carrière d'une artiste en plein épanouissement.

Au reste Kathleen a peu de temps à lui consacrer. Outre les représentations *d'Orphée*, elle participe à un concert Bach («La *Cantate 169*, admirable, et oh! le *Magnificat*! je suis dans mon élément avec cette musique») enrichi du *Te Deum* de Purcell... qu'on avait oublié de lui annoncer.

Mais l'un des événements de ce Festival doit être la création d'une nouvelle œuvre de Benjamin Britten, la *Spring Symphony* pour soli, chœur et orchestre. Commandée par Serge Koussevitski pour le Festival de Tanglewood, aux États-Unis, Britten a obtenu que la première exécution en soit donnée en Europe ; d'autant qu'il l'a écrite en pensant à deux voix très précises, celles de Peter Pears et de Kathleen Ferrier.

Ce sont donc eux, et la soprano Jo Vincent, qui créent cette *Symphonie du Printemps* le 14 juillet 1949 au Concertgebouw d'Amsterdam, sous la direction d'Edouard Van Beinum. Dans cette œuvre apparaît à dessein le contraste étonnant du caractère de Kathleen Ferrier à travers sa voix, passant de la façon la plus naturelle d'un dramatique solo à la plus exubérante gaieté du trio des oiseaux. « La voix EST l'individu », soutenait Peter Pears, qui ajoutait : « Chez Kath, sa personnalité était tout entière dans sa voix, qu'elle chantât le plus simple des refrains, le plus tragique lied de Mahler, ou la partie d'alto du *Messie*. »

Mais la présence dans l'assistance du maréchal Montgomery ravira quelque peu la vedette au compositeur et à ses interprètes !

Entre ses propres prestations, après le départ de Rick, Kathleen s'arrange pour aller entendre chaque fois qu'elle le peut, d'autres œuvres présentées à l'occasion du Festival, notamment *L'Enlèvement au sérail* et *Don Juan* avec Joseph Krips, qui la comblent. Et aussi *Le Chevalier à la rose,* qu'elle voit pour la première fois : « J'ai été un peu gênée au premier acte ; le deuxième m'a cassé les oreilles ; et, mon séant endolori, je me suis ennuyée au troisième. »

Elle rentre par avion à Londres où l'attendent, à la fin du mois de juillet, un récital pour la BBC et une exécution des *Chants sérieux* avec orchestre à l'Albert Hall.

Elle aurait amplement mérité le mois de repos qu'elle avait prévu de passer en Suisse avec Win : pour la première fois de sa vie, elle ressent une grande fatigue, physique mais aussi morale ; elle a besoin, à trente-sept ans et à ce stade d'une carrière qui s'emballe, de pouvoir faire calmement le point. Professionnellement bien sûr, mais aussi affectivement.

Or Bruno Walter doit donner *Le Chant de la Terre* à Salzbourg le 21 et le 22 août avec le Philharmonique de Vienne, et il a tant insisté pour qu'elle le chante… Elle rognera donc ses vacances : on ne refuse pas Bruno Walter, ni Salzbourg !

Pourtant elle est inquiète quand elle y arrive, reposée malgré tout, le 18 août pour répéter. Ce n'est pas seulement dû au fait qu'elle est la première artiste anglaise à paraître au Festival, ni qu'elle va chanter pour la première fois en allemand devant un public allemand (encore ne sait-elle pas qu'elle découvrira aux premiers rangs une brochette de musiciens tels que Furtwängler, Krips ou Karajan), ni que le premier des deux concerts a lieu à 11 heures du matin – un horaire peu favorable pour les chanteurs. Simplement elle n'est pas en train, ce qui n'est pas dans son caractère.

Elle sera néanmoins aussi admirable l'un et l'autre jour : «Une de ces expériences comme on en connaît rarement au cours d'une vie», écrira le critique du *Sunday Times*.

Elle retrouvera Bruno Walter quelques jours plus tard à Édimbourg pour une série de concerts donnés dans le cadre du Festival, devenu en seulement trois saisons une véritable institution. Elle y chantera six fois en sept jours, dont quatre fois avec Bruno Walter, d'abord pianiste pour deux récitals, puis chef d'orchestre pour deux exécutions des *Kindertotenlieder*, avec toujours le Philharmonique de Vienne – une sorte de répétition générale du fameux enregistrement qui sera donc réalisé à Londres le mois suivant avec les mêmes protagonistes.

Auparavant, ceux-ci se trouveront encore réunis pour une nouvelle exécution, augmentée de la *Deuxième Symphonie* du même Mahler, à l'Albert Hall, tandis que quelques jours plus tôt Bruno Walter avait accompagné Kathleen au piano pour un récital au Central Hall de Westminster.

Désormais, l'apparition sur scène de cette rayonnante jeune femme, au sourire éclatant, au regard brillant de joie et de douceur, suscite des réactions enthousiastes du public. Pourtant ces récitals Ferrier-Walter mettent cruellement en lumière, au moins pour les musiciens, le jeu « déplorable » de Bruno Walter au piano. Ce qualificatif sévère est de Gerald Moore, un orfèvre en la matière : l'enregistrement publié du récital d'Édimbourg montre malheureusement qu'une éventuelle pointe de jalousie professionnelle n'y est pour rien : Moore est simplement objectif.

Mais telle est la fascination que l'immense musicien qu'est Bruno Walter exerce sur Kathleen, qu'elle ne semble pas en être consciente. Comme elle ne semble pas gênée par la sécheresse, les approximations, les décalages, qui affectent pourtant ses propres interprétations.

Après une brillante tournée de trois semaines en Scandinavie, où elle emmène Phyllis Spurr pour la partie récitals, elle se rend à Paris, pour la première fois. Elle écrit à Win :

> Séduisante KK dans le « Gay Paree ». Les bouts que j'en ai vus sont merveilleux, mais ai été occupée à répéter et à dormir ! Concert ce soir – le pianiste fait de gros efforts, mais ce n'est pas Gerald ou Bruno ! Mais il me baise la main, alors la vie a ses bons côtés ! Et, oh ! la cuisine – miam ! miam ! À la maison avant ceci, mais file en Écosse jeudi soir. « Quel vie ! » Abbyssinia [sa façon de dire « à bientôt »]. Tendrement
>
> Kaff

Le pianiste de ce premier récital, à la salle Gaveau le 8 novembre 1949, est André Collard ; certes, ce n'est pas Gerald Moore, mais c'est un vrai musicien et un excellent accompagnateur, qui n'a rien à craindre de la comparaison avec Bruno Walter dans ce domaine. La critique se plaira du reste à souligner la qualité de son accompagnement, à la hauteur de « la voix admirable », « le style impeccable », « la musicalité », « la profondeur de l'émotion » de Kathleen Ferrier, célébrée sans la moindre fausse note par toute la presse.

Précédée d'une flatteuse réputation, dans laquelle le parrainage de Bruno Walter n'est pas pour rien, « la jeune contralto anglaise a conquis

Paris dès les premières mesures des lieder de Schubert», qui ouvraient un programme où figuraient encore *L'Amour et la vie d'une femme* de Schumann et six lieder de Brahms.

Ce premier récital à Paris sera le début d'une sorte d'amour-passion du public français, terriblement bref mais dont le souvenir traverse les années, comme en témoigne encore aujourd'hui la place qu'occupe Kathleen Ferrier à travers ses disques, dont les ventes demeurent au premier plan dans notre pays.

À son retour de Paris, après une vingtaine de concerts en Écosse et en Angleterre au rythme fou d'un tous les deux jours, elle embarque le 21 décembre sur le *Queen Elizabeth*. Au cours de cette traversée sans histoire, elle aura sans doute pensé au destin de Ginette Neveu qui, pour avoir préféré l'avion pour se rendre aux États-Unis (pressée sans doute par les impératifs d'une carrière également fulgurante), a péri aux Açores quelques semaines plus tôt avec son frère-accompagnateur (et avec le boxeur Marcel Cerdan). Elle avait trente ans, sept de moins que Kathleen : «Pourquoi ce gâchis ?», s'était-elle demandé à l'annonce de cette mort, qui l'a bouleversée.

Elle débarque à New York le lendemain de Noël... pour apprendre que John Newmark, citoyen canadien, qu'elle devait retrouver pour faire tous les récitals de cette nouvelle tournée, s'est vu refuser son visa pour travailler aux États-Unis ! Si la question ne peut être réglée, et très vite, tout son programme de trois mois est compromis. Elle n'a décidément pas de chance avec ses accompagnateurs – mais elle tient absolument à celui-ci.

Ses efforts, conjugués avec ceux de ses amis américains et de John Newmark lui-même, viendront à bout des tracasseries administratives. Ils se retrouveront avec un plaisir partagé à New York, et pourront donner comme prévu, le 4 janvier 1950 à Nashville, le premier récital d'une longue série qui les mènera à travers tout le continent nord-américain, Canada compris, alternant avec un certain nombre de concerts avec orchestre : en particulier trois *Orphée* à San Francisco avec Pierre

Monteux à la mi-février, la *Rhapsodie* de Brahms à La Crosse (Kansas), les *Kindertotenlieder* avec Fritz Reiner à la fin de mars à Chicago – où ce sera la première exécution de cette œuvre.

Elle donnera aussi le 19 mars un unique récital à New York avec Bruno Walter. Celui-ci a mis à la disposition de Kathleen sa maison de Beverly Hills, où elle passera une dizaine de jours de repos, au milieu de ce lourd programme.

À son arrivée, elle trouve cette lettre de son hôte, que ses activités retiennent au loin :

Chère Kathleen !

Bienvenue sous mon toit. Je vous demande de vous y sentir chez vous – tout est à votre disposition : la maison, le piano, la musique, les livres et bien sûr aussi les autos, pour où vous voudrez aller. Adolf et Fanny feront de leur mieux pour que votre séjour soit agréable et confortable, et Fanny en particulier s'occupera des plaisirs de votre palais. À propos, Adolf est vraiment un excellent chauffeur, et vous pouvez être tout à fait tranquille quand il est au volant. J'imagine que vous passerez un moment aussi reposant que possible à la maison et je comprendrai absolument que vous ne souhaitiez pas avoir à parler ou à faire des rencontres. Mais si vous vous sentez seule et si vous désiriez un contact humain chaleureux et enrichissant, sachez qu'à Santa Monica, à un quart d'heure en voiture, vit Delia Reinhardt, ma plus proche amie pour la vie et l'éternité. Peut-être vous souvenez-vous de ses apparitions en Angleterre (par exemple à Covent Garden) dans les années trente. Elle connaît et aime votre chant à travers vos disques, et elle vous connaît

Beverly Hills, January 26th 1950

Dear Kathleen!

Welcome in my house! Please feel entirely at home in it — everything is at your disposal: the house, the piano, the music, the books and of course also the cars, wherever you want to go. Adolf and Fanny will do their best, to make your stay pleasant and comfortable and Fanny in particular will provide for pleasures of your palate. By the way: Adolf is really an excellent chauffeur and you may feel safe when he is at the wheel. — I presume you will spend as restful a time as possible in my house and fully understand if you do not want to talk

Lettre de Bruno Walter

et elle vous aime par ce que je lui ai dit de vous. Si vous désirez la voir et parler avec elle ou marcher avec elle sur le rivage (elle habite à une minute de l'océan), téléphonez-lui – Adolf vous conduira… Je suis sûr que vous vous plairez. Mais encore une fois elle comprendra parfaitement, comme moi, si vous voulez profiter de Beverly Hills en toute tranquillité.

Avec mes vœux affectueux et « auf Wiedersehen ». Bien à vous,

Bruno Walter

Cette halte lui est bénéfique. Elle repart avec une énergie nouvelle : au rythme d'un concert tous les trois jours, elle n'aura que des succès, et parfois des triomphes, comme celui qui lui est réservé pour ses débuts à San Francisco dans le rôle d'Orphée. Elle-même reconnaît dans son journal que tout se passe « magnifiquement » – et deux jours plus tard « de mieux en mieux » ! « Mme Monteux m'a donné une ravissante perle. Lucky Kaff ! Des fleurs et encore des fleurs – une vraie prima donna ! »

Marian Anderson, qui a tenu à assister à la générale, ne pourra cacher sa stupéfaction devant la beauté de la voix – et de la femme. Kathleen sera heureuse de pouvoir rencontrer cette grande cantatrice noire dont la voix rare l'avait souvent fait rêver. C'est à présent son tour de faire rêver. Au milieu d'un article véritablement dithyrambique du *San Francisco Chronicle* (18 février 1950), on peut lire : « Miss Ferrier n'interprète pas le rôle d'Orphée, elle le vit, elle le respire, elle est Orphée jusqu'au bout des ongles. Elle possède une des plus somptueuses, des plus superbement colorées, des plus riches voix de contralto de notre époque, et sa sensibilité ajoute un raffinement dramatico-musical à chaque nuance de l'ouvrage. Elle semble elle-même transportée par la musique qu'elle chante, comme le furent ses auditeurs, de la première note à la dernière. »

Le son de cloche est identique dans *Musical America* à propos de cet autre *Orphée* qu'elle avait chanté au Town Hall de New York au lendemain de son arrivée : « Comme immergée dans l'esprit de la musique, elle en traduit la puissance tragique avec une éloquence irrésistible et une noblesse rarement atteinte. »

Il est incontestable que ce rôle, qui semble avoir été écrit pour elle, la transfigure : elle y met une telle émotion qu'elle en oublie toutes ses réticences envers l'opéra. Elle ne perdra jamais une occasion de le chanter – on va le voir bientôt.

Cette troisième tournée est une réussite totale. De partout on la réclame pour l'année suivante. Et grâce à l'efficacité, à l'amitié, aux attentions de John Newmark (« un merveilleux accompagnateur, qui non seulement joue admirablement mais s'occupait de tout, trains, billets, bagages, pourboires, si bien que tout ce que j'avais à faire était de me rendre à la salle et de chanter aussi bien que je pouvais ») ; grâce à l'hospitalité de tous ses nouveaux amis (qui s'émerveillent des facultés d'enthousiasme de ce boute-en-train, dont les imitations ou les parodies sont irrésistibles de drôlerie : un mauvais mais précieux très court film sonorisé d'amateur la montre au piano, débridée après la tension d'un concert, s'accompagnant dans des pitreries musicales) ; grâce à son heureux caractère, grâce enfin à toutes les perspectives d'avenir que son succès foudroyant lui apporte, elle dira de ce séjour en Amérique : «Je n'en ai pas gardé un seul mauvais souvenir... hormis les impôts à payer!»

Elle passe sous silence toutes les sucreries auxquelles elle n'a pas su résister : d'où quelques kilos supplémentaires, dont elle se promet avec humour de faire disparaître les effets sur ses «rotondités»!

Elle est en train de devenir une star aux États-Unis – ce à quoi s'emploient du reste, sans grandes nuances, les photographes pour lesquels elle pose lors de son séjour à New York : Hollywood n'est pas loin! Et du reste pourquoi pas? D'autres cantatrices y ont aussi fait carrière : sa beauté pourrait bien inspirer un réalisateur : cela ne saurait tarder...

En attendant, son agent américain la presse de signer un nouveau contrat pour une grande tournée débutant dès janvier 1951 ; mais elle a d'autres obligations à cette époque, et elle est forcée de la reculer jusqu'en septembre.

Son calendrier la contraint maintenant à refuser de nombreuses propositions, ou à prévoir de véritables acrobaties pour ne pas avoir à renoncer à des concerts qui lui importent particulièrement. Ainsi, pour pouvoir participer à une nouvelle production d'*Orphée,* cette fois sous la baguette de Bruno Walter, elle répond à Emmie Tillett : «OUI, JE VOUS EN

PRIE! Je renoncerais à toutes mes vacances pour ça!»

Malheureusement ce projet ne verra en définitive pas le jour. Non plus que cet autre, dont l'offre lui parvient également à peine rentrée d'Amérique : il s'agirait de tenir le rôle de Nicklausse dans un film, réalisé par Michael Powell et Emeric Pressburger, des *Contes d'Hoffmann* d'Offenbach, sous la direction musicale de Sir Thomas Beecham. Même si elle n'est sans doute plus à ses yeux «le matériau brut» qu'il avait dédaigneusement refusé pour Glyndebourne trois ans plus tôt (trois ans seulement!), son comportement souvent odieux avec les chanteurs ne s'est pas amélioré. Après avoir hésité un court moment, c'est elle qui cette fois refusera de s'aventurer sur cette galère, surtout sans doute à l'idée, angoissante pour elle, de devoir s'extérioriser en gros plan devant une caméra. Elle regrettera d'autant moins sa décision que le film sera considéré par la critique comme un parfait navet, et sombrera dans l'oubli.

Au contraire, elle acceptera cet autre projet qu'Emmie Tillett lui a transmis, encore aux États-Unis, de la part de Sir John Barbirolli, et qu'elle a d'abord voulu refuser, par crainte de n'être pas capable de le réaliser : il souhaite lui faire chanter le *Poème de l'Amour et de la Mer,* de Chausson. Ce n'est pas tant la tessiture de l'œuvre, relativement haute pour elle, qui l'inquiète le plus, que le fait d'avoir à chanter en français.

John Newmark l'a convaincue, partition en main, d'accepter cette proposition en lui promettant de l'aider à prononcer le français : pendant toute la seconde partie de leur tournée il la fait travailler patiemment, dans le train, à l'hôtel, au restaurant, etc. Elle doute, mais télégraphie enfin : «Accepte Chausson Stop Dites Sir John de jouer *forte* pour couvrir mon accent du Lancashire.»

Avant de prendre le bateau du retour, elle écrira à Emmie : «Mon français progresse à toute allure : je peux dire "chéri je vous aime beaucoup – passe-partout, cul de sac – voulez-vous coucher avec" oh! non, ça, ça ne se dit pas! Heigh ho! "Quelle vie"!»

X

Un avenir radieux

De retour à Londres le 4 avril 1950, elle est à Glyndebourne le 7 pour une *Passion selon saint Matthieu.*

Et la ronde reprend, d'abord à travers l'Angleterre, avec un saut de 48 heures à Amsterdam *(Kindertotenlieder* avec Van Beinum) et enfin quelque repos en Écosse à la fin du mois de mai. Puis à la mi-juin, elle repart pour la Suisse, encadrant deux concerts mémorables à Vienne sous la direction de Herbert von Karajan : la *Passion selon saint Matthieu,* et la *Messe en si,* en compagnie d'Elisabeth Schwarzkopf, Walter Ludwig, Alfred Pœll, Paul Schöffler et l'Orchestre philharmonique de Vienne.

La *Messe en si* sera donnée à nouveau à la Scala le 3 juillet (fâcheusement le « *Laudamus te* », écrit pour alto, a été confié à Schwarzkopf) : il semble que ce concert ait été un sommet, que Karajan a souvent cité comme l'un des souvenirs marquants de sa carrière, grâce à la conjonction des voix de Schwarzkopf et de Ferrier.

Toscanini est dans la salle (malgré la présence de Karajan et surtout de Schwarzkopf, auxquels il ne pardonnera jamais leur comportement dans l'Allemagne nazie) : il est là uniquement pour entendre Ferrier. Le Maestro est si enthousiaste qu'il fait séance tenante mille projets. Cela se traduira un peu plus tard par l'engagement de Kathleen pour le concert d'ouverture du Festival d'Angleterre 1951, qu'il doit diriger. Les circonstances ne permettront malheureusement pas cette rencontre, qui aurait pu être passionnante, mais qu'elle appréhendait malgré tout, compte tenu de l'irascibilité légendaire du Maestro.

Entre ces concerts, Kathleen a fait un bref séjour à Zurich, pour y chanter les *Kindertotenlieder* sous la direction d'Erich Kleiber que, malgré ses craintes, elle séduit dès la première répétition. Il n'y en aura qu'une! Devant la perfection du chant de Kathleen, Kleiber juge inutile celle qui avait été prévue le matin même du concert.

Rick l'a rejointe à Zurich... Ce sera leur dernière véritable rencontre : elle a renoncé à se marier, et elle le lui dit. Sans doute ne l'aime-t-elle pas assez pour envisager cette lutte permanente pour la recherche d'un équilibre entre sa carrière, dévorante, et un minimum de vie commune, avec ses contraintes : «Après deux jours, j'ai besoin de baisser le rideau de fer pour ne plus avoir à écouter ni à parler.» Et elle conclut, non sans mélancolie : «Je crois que je suis faite pour vivre en solitaire.»

Rick ne s'imposera pas. Il se mariera un peu plus tard, et à cette occasion il renverra à Kathleen toutes ses lettres. Ce sera pour elle un choc, qu'elle accusera rudement. Elle détruira ces témoignages d'une vie qui aurait pu en annoncer une autre ; une fois la crise surmontée, elle n'en parlera plus.

Une épreuve d'une autre nature l'attend, qui ne fera qu'accuser encore le caractère solitaire de son existence. À plusieurs reprises, ses douleurs au sein se sont à nouveau manifestées, irradiant dans le bras, ou dans le dos, provoquant de temps à autre des torticolis ou des lumbagos. Qualifiés de «rhumatismes», qui disparaissent généralement après quelques jours, elle n'y prête attention que dans la mesure où elle en éprouve une gêne réelle. Jusqu'au 5 juillet 1950, où elle rentre à Londres.

Le matin suivant, elle arrive chez Roy Henderson pour travailler, mais elle a les larmes aux yeux tant elle souffre – et aussi tant ses vieilles craintes en sont ravivées.

Il tiendra à l'accompagner séance tenante chez son propre médecin... d'où elle ressortira physiquement soulagée, et moralement rassérénée : «Prof!, lui lance-t-elle joyeuse, bulletin de santé parfait!»

À nouveau, on ne peut s'empêcher de se poser des questions sur ce diagnostic : comment un praticien sérieux a-t-il pu se contenter d'un simple examen, sans la moindre analyse en profondeur? Même si, à l'époque, les moyens d'investigation n'étaient pas ceux que l'on connaît aujourd'hui, une telle légèreté apparaît invraisemblable.

Elle décide tout de même de se reposer tout un mois, après avoir enregistré du 12 au 14 juillet *L'Amour et la Vie d'une femme*, et les *Quatre chants sérieux*. À cette occasion on peut mesurer la dimension qu'a prise, en si peu de temps, la carrière de Kathleen Ferrier : elle a en effet obtenu des dirigeants de Decca qu'ils fassent venir John New-mark de Montréal pour réaliser ces disques – et elle en est ravie. Même si elle ressent de la tristesse à l'égard de la toujours fidèle, toujours disponible Phyllis Spurr. Elle avait déjà éprouvé de pareils scrupules quand elle avait commencé à travailler avec Gerald Moore ; mais il faut savoir ce qu'on veut, et Kathleen le sait. Elle tient à mettre tous les atouts de son côté pour les enregistrements de ces Schumann et de ces Brahms. Elle saura aussi présenter les choses avec assez de délicatesse pour que Phyllis Spurr n'en souffre pas trop, du moins en apparence, et lui reste en tout cas fidèle, comme par le passé, chaque fois que Kathleen aura besoin d'elle.

D'abord distribué aux États-Unis, l'enregistrement de *Frauenliebe und -Leben* sera couronné en France en 1952 par un Grand Prix du Disque. Un demi-siècle plus tard, ce couronnement paraît toujours amplement justifié.

Elle reprendra progressivement ses activités au Festival d'Édimbourg 1950 (la *Rhapsodie* de Brahms, dirigée par Fritz Busch, le 28 août) et profite surtout de l'occasion pour y écouter beaucoup de musique : « merveilleuse distraction », dit-elle, grâce à Barbirolli et l'orchestre Hallé, la fraîcheur de la voix de Victoria de Los Angeles, l'intelligence de Jenny Tourel, Primrose dans Bartók, Curzon dans Brahms…

Elle y retrouve aussi George London, le talentueux baryton-basse américain, de huit ans son cadet, à qui elle doit d'avoir connu Newmark : ils s'entendent comme larrons en foire ! Étrange rapprochement dans l'humour débridé et la joie de vivre de deux destins également brillants, et bientôt également tragiques…

Dès la mi-septembre, Kathleen reprend un rythme intense de concerts et de radios, participant notamment au mois d'octobre à trois concerts à Bath, avec les deux *Passions (saint Jean* et *saint Matthieu)* de Bach et son admirable cantate 53, *Schlage doch*, depuis peu à son répertoire (il n'en existe malheureusement aucune trace enregistrée).

À plusieurs reprises elle retrouve Gerald Moore, et fera avec lui au cours de ce dernier trimestre de 1950 deux tournées de récitals, l'une en Angleterre même, l'autre, de trois semaines, en Hollande, avant une dernière prestation ensemble à la BBC le 29 décembre.

Gerald Moore est un cas à peu près unique : cet excellent pianiste, qui s'était d'abord orienté vers une carrière de soliste, a porté à son plus haut le rôle, réputé ingrat, d'accompagnateur. Il s'y est entièrement consacré, sans aucun complexe, comme en témoigne sa profession de foi publiée sous le titre : « *The Unashamed Accompanist* » (L'accompagnateur sans honte). Il est sans conteste le plus grand du siècle dernier – quel que puisse être le talent de certains de ses meilleurs confrères. Au reste il a accompagné, connu de près, un nombre impressionnant de chanteurs – à peu près tous les grands noms de son temps – ce qui rend son témoignage essentiel, unique même, pour la connaissance de Kathleen Ferrier, non seulement sur le plan musical, mais plus encore pour la qualité de l'être humain. La promiscuité quotidienne imposée par les tournées, surtout à deux, est un impitoyable révélateur des caractères : les plus grands artistes n'en sortent pas souvent à leur avantage…

À la côtoyer de plus en plus fréquemment, Gerald Moore éprouve une admiration croissante pour Kathleen, et ne s'en cache pas. Il s'émerveille de sa technique, de la tenue de son souffle, insensible au trac, à toute nervosité, à la fatigue, même à la maladie : « Contrôle parfait, miraculeux ! » dira-t-il – et il sait de quoi il parle ! Mais il s'émerveille aussi de son caractère. La « petite lettre d'amour » qu'il éprouve le besoin de lui écrire, après les deux tournées successives de plusieurs semaines de cette fin d'année 1950, dessine mieux que tout autre portrait la personnalité de Kathleen : ce témoignage est d'autant plus précieux, et émouvant, qu'il n'était évidemment pas destiné à être divulgué. Avec le recul des années, l'éclairage qu'apportent ces lignes spontanées constitue le plus bel hommage, le plus authentique aussi – qui grandit également son auteur et sa destinataire :

Kathleen chérie,
Je suis assis dans ce bar où je vous ai vue si souvent siroter votre Bols, et j'éprouve le besoin de vous écrire une petite lettre d'amour en attendant votre retour.
Les trois semaines de la tournée en Hollande avec vous ont été un plaisir sans mélange : je ne me suis jamais senti aussi à l'aise ni aussi heureux avec aucun autre chanteur. Dans des voyages comme

celui-ci où deux individus sont si constamment agglutinés, il est très facile que des frictions ou des moments d'humeur ou des petits malentendus amènent quelques nuages passagers dans les rapports personnels – mais je crois pouvoir dire que rien de ce genre ne s'est passé en ce qui nous concerne.

Sans discussion j'ai été heureux à chaque instant – grâce uniquement à votre nature douce, votre absence de tout égoïsme et de tout comportement « à la diva »!...

Je n'ai rien dit du plaisir – de l'immense plaisir que m'ont donné vos émouvants triomphes. Vous avez chanté glorieusement, et ce fut merveilleux pour moi de pouvoir profiter d'une partie de cet énorme succès. Merci, ma chère, pour tout. Puissé-je avoir la grâce d'être associé à vous pendant de nombreuses années à venir.

Bon voyage à vous, et une fois encore toute ma gratitude. Votre ami dévoué,

Gerald

« Vous avez chanté glorieusement... »

Pourrait-on mieux dire? La voix de Kathleen a atteint une maturité « glorieuse » : tous ceux (ou presque) qui l'entendent sont éblouis, fascinés par ce qui émane de cette belle et rayonnante jeune femme de trente-huit ans. D'où vient ce si puissant pouvoir d'émotion?

C'est un truisme d'évoquer le mystère de la voix humaine, fusion unique de l'instrument et de l'instrumentiste. Trop souvent l'un des deux l'emporte sur l'autre, sorte de maillon faible : combien de voix splendides, à la technique irréprochable, mais sans âme ! Et que de grands artistes dont l'extrême musicalité et la technique achevée ne compenseront jamais tout à fait la médiocrité de la voix ! Chez Kathleen Ferrier, en ces années de gloire soudaine, tout est au même niveau, le plus élevé.

À la base de l'instrument, il y a son timbre, si particulier, troublant : cette large voix de vrai contralto, grave sans être sombre. Elle est charnelle, elle a du corps (comme on dit d'un grand vin) mais sans être lourde, elle monte avec une facilité inattendue, homogène dans toute son étendue, et toujours nimbée d'une sorte de lumière intérieure, même quand le propos est douloureux, voire désespéré. Son vibrato léger lui donne en plus une densité, par instants fragile comme la vie… Car la fragilité est là, sous-jacente mais perceptible, charge d'émotion ajoutée ; pourtant jamais la voix ne se brise – jamais son instrument n'a trahi Kathleen, qui en joue souverainement. Certains accents, dans les plaintes d'« Orphée », dans Bach ou Haendel, à la fin du *Chant de la Terre*, dans *L'Amour et la Vie d'une femme*, dans les *Kindertotenlieder*, sont déchirants dans leur simplicité.

C'est là que l'instrumentiste montre sa maîtrise, grâce au socle du souffle qui, superbement tenu, libère l'exécution musicale de toute entrave : sa spontanéité, sa sensibilité, son émotion, tempérées par la pudeur, se révèlent. Tout est ressenti profondément – rien n'est jamais fabriqué : il y a une adéquation parfaite entre ses sentiments, ce que la musique lui inspire, et ce qu'elle-même exprime. Cette authenticité si rare se traduit en même temps par la plénitude du son et par la sincérité de l'expression : c'est sans doute ce que perçoit l'auditeur, même inconsciemment, et qui l'émeut.

Mais c'est peut-être dans les airs du folklore anglais qu'elle révèle paradoxalement toute la richesse de son talent : on la connaît, on l'attend dans le drame, on la découvre dans l'humour et dans l'espièglerie, passant de l'un à l'autre, aussi à l'aise dans tous ces registres. À l'image de sa propre personnalité.

Que ceux qui parfois chipotent ou font la moue (il y en a !), écoutent l'étonnante montée de l'émotion dans cet air, si simple et dont elle fait une sorte de petit chef-d'œuvre, *Ca' the Yowes* – tel qu'elle l'a chanté à la RAI de Milan, un jour de tristesse de février 1951...

Le 2 janvier précédent, par une violente tempête de neige, elle s'était envolée une fois de plus pour Amsterdam, après avoir confectionné une dinde pour le Réveillon, passé à Frognal Mansions avec son père, Win, Emmie Tillett et une de ses amies, Bernardine Hammond (dite Bernie), une infirmière néo-zélandaise qui allait bientôt faire irruption dans la vie quotidienne des Ferrier.

Entre le 9 et le 16 janvier, elle chante trois fois *Orphée* à Amsterdam, et une fois à La Haye, sous la direction de Charles Bruck ; la production est musicalement médiocre, malgré le soin apporté à monter l'œuvre. Son costume gêne Kathleen : consistant essentiellement en un épais collant noir très ajusté, il lui rend plus sensibles encore ses douleurs de dos, qui ont reparu. Malgré tout elle est superbe, et ovationnée à chaque représentation (c'est l'une de celles-ci qui a été éditée en disque en 1977 par EMI).

De ces représentations elle dira : «J'en ai eu un grand plaisir. Mis à part mon manque de confiance dans mon jeu, c'est vraiment beaucoup plus facile qu'un récital...» L'opéra commencerait-il à l'apprivoiser ?

Elle quitte la Hollande pour se rendre directement à Paris. Gerald Moore l'y rejoint pour un récital à la salle Gaveau le 23 janvier : «Ça a vraiment bien marché, écrira-t-elle, faisant un modeste écho à son triomphe ; Gerald a joué comme un ange – source d'inspiration et de confiance, comme toujours. »

Elle profite de ce séjour pour travailler avec Pierre Bernac, en particulier le fameux *Poème de l'Amour et de la Mer*. Elle écrit à Emmie Tillett :

Je suis tout excitée par mes leçons de français avec Pierre Bernac – il a commencé par éclater de rire en m'entendant, mais de la façon la plus cordiale. Maintenant il se passionne, et même moi – grâce à des contorsions des lèvres qui pourraient s'avérer dangereuses si je m'y adonnais trop longtemps ! – je peux entendre un progrès ! J'adorerais prendre une leçon par jour pendant douze mois – alors j'aurais le sentiment de vraiment arriver à quelque chose !

Elle sera à nouveau à Paris pour un concert au Théâtre des Champs-Élysées le 18 février, avec l'orchestre de la Société des Concerts du Conservatoire dirigé par Carl Schuricht.

Tant à la répétition publique du samedi matin qu'au concert du dimanche, le public est sous le charme, dès son entrée en scène, à la fois simple et majestueuse : sa présence est rayonnante – elle est belle, et souriante. Pourtant ceux qui la connaissent remarquent ses traits tirés, qui dénotent la fatigue – et aussi, fugitivement, comme de la tristesse dans son regard.

Haendel, Purcell, Gluck, et les *Quatre poèmes à Sainte Thérèse,* que Lennox Berkeley a écrits pour elle, recueillent la longue ovation d'une salle comble. C'est une de ces rencontres qui marquent un public – un public qui, pour la plupart, la découvre. Et ne la reverra plus…

De son côté, elle gardera un heureux souvenir de ce court séjour parisien, grâce à ses nouvelles rencontres avec Bernac, et à des invitations diverses, comme ce dîner donné pour elle rue Ballu par Nadia Boulanger, qui a été immédiatement séduite par sa musicalité, et a tenu à la recevoir chez elle après l'avoir entendue.

Elle a été aussi heureuse de la présence de Win et d'Emmie, venues spécialement pour la réconforter à l'occasion de son concert aux Champs-Élysées ; entre ses deux séjours à Paris, alors qu'elle était à Rome au milieu d'une tournée qui l'avait d'abord menée en Suisse, elle a appris la mort de son père, le 30 janvier. Il avait quatre-vingt-trois ans, et sa santé avait brusquement décliné. C'est une brisure pour elle, que la fatigue accumulée et la solitude ont déjà fragilisée, aggravée encore par l'éloignement : Win a réussi à la dissuader d'interrompre sa tournée pour assister à l'enterrement.

À tous égards ce périple italien lui laissera un mauvais souvenir. Elle se réjouissait pourtant de découvrir le pays ; mais seule et triste («Je n'ai jamais eu si peu envie de chanter»... et les *Kindertotenlieder* qui figurent à certains de ses programmes ne sont pas remontants), elle n'en retiendra que des publics bruyants, l'omniprésence de pickpockets, les pourboires constamment réclamés, une émission de radio à Turin avec un Klemperer glacial, et un accompagnateur brillant (le pianiste Giorgio Favaretto) mais dont elle ne supporte pas l'incessant murmure en fausset qui double son chant, même en concert !

Le 19 février, elle rentre à Londres. L'appartement est singulièrement vide, d'autant que la jeune Paddy qui tenait la maison l'a aussi quittée pour se marier.

Or plus que jamais Kathleen a besoin d'une aide sûre, aussi bien pour tenir son intérieur que pour ses rapports extérieurs (correspondance, téléphone, etc.) : Bernie, l'invitée du Réveillon, suggérée par Emmie Tillett, quoique infirmière de métier, est prête à assumer ce rôle de factotum. Sans hésiter un instant (aurait-elle une prémonition ?), Kathleen l'engage. Bernie s'installe à Frognal Mansions le 26 février 1951.

Le surlendemain, Kathleen est à Manchester pour sa première exécution en public du *Poème de l'Amour et de la Mer,* avec l'orchestre Hallé. Malgré la présence chaleureuse au pupitre de John Barbirolli, qui estime que cette partition qu'il lui a en quelque sorte imposée lui convient parfaitement, elle est angoissée. En plus de la nouveauté de l'œuvre, de la tessiture, de la langue, il y a le caractère romantique du poème, qui demande une extériorisation toujours aussi contraire à sa réserve naturelle.

Les critiques qu'elle reçoit pour cette première, et pour l'exécution qu'ils en donneront dix jours plus tard au studio local de la BBC, devraient la rassurer. Mais elle ne se sentira vraiment à l'aise dans ce *Poème* qu'après l'avoir chanté plusieurs fois en public. Pierre Bernac, qui n'avait pas le compliment facile, dira plus tard : «Personne au monde n'a jamais chanté le *Poème de l'Amour et de la Mer* comme elle.»

Dans la foulée elle chante aussi, toujours avec Barbirolli, trois *Orphée* en version de concert : elle s'y surpasse, si c'est possible. C'est à cette occasion qu'a germé dans l'esprit de Barbirolli, subjugué par son interprétation, l'idée d'une production de cet opéra à Covent Garden, monté pour Kathleen Ferrier et qu'il dirigerait. Il lui en parle : elle en serait ravie. Mais elle n'ose y croire.

Ces joies musicales partagées, ces projets scelleront définitivement leur amitié. Alors que «Sir John» (qu'elle appelle désormais «Tita», diminutif de son vrai prénom Giovanni-Battista) entre à l'hôpital pour une opération (retardée en secret de Kathleen pour les besoins de leur cause), elle lui écrit : «Je n'oublierai jamais que vous avez renvoyé ce "rendez-vous" jusqu'après *Orphée* et le Chausson. Ces dix jours de travail près de vous ont été plus merveilleux que je ne puis le dire… je ronronne de plaisir chaque fois que j'y pense. »

On peut imaginer que Barbirolli aurait eu, avec le temps, assez d'influence pour faire accepter à Kathleen des orientations nouvelles, en particulier vers certaines œuvres lyriques. Avec lui au pupitre – ou avec Bruno Walter d'ailleurs – elle aurait sans doute envisagé sereinement d'affronter des épreuves qu'elle aurait refusées catégoriquement avec tout autre.

XI

L'épreuve

Au début de ce mois de mars 1951, elle rentre à Londres exténuée, amaigrie : elle accuse physiquement le rythme de ses concerts.

En essayant une nouvelle robe (il est loin le temps où Win lui avait confectionné sa première robe de scène avec du tissu à rideaux, le seul qui ne fût pas rationné à l'époque !), elle remarque la présence d'une petite boule au sein. Elle la montre à Bernie, à qui son expérience médicale ne laisse guère de doute, et qui insiste pour qu'elle voie un médecin sans perdre une minute. Impossible : Kathleen doit s'envoler le lendemain, 15 mars, pour un récital à Cologne, suivi de plusieurs concerts en Hollande. Ce sera donc pour le retour, heureusement proche.

Le 24 mars, elle a rendez-vous avec son médecin. Il l'envoie immédiatement se faire radiographier – ce qu'aucun des trois médecins qu'elle avait vus auparavant n'avait eu l'idée de faire. Le verdict est celui que craignait Bernie, et celui qu'elle-même avait redouté depuis son adolescence : c'est un cancer nécessitant d'urgence l'ablation du sein.

Entre la crainte et la certitude, il y a la densité d'un cataclysme. Kathleen avouera plus tard à Win qu'elle avait eu peur de manquer de courage avant l'opération. Elle n'en montre rien, sinon le regret de devoir faire annuler tous ses concerts pour les deux mois à venir – dont une tournée de quatre semaines en Scandinavie.

Mais elle exige que rien ne transpire quant à la nature de sa maladie – à cette époque, le cancer est un sujet tabou : le mot lui-même n'est prononcé qu'à voix basse… Surtout, elle ne supporterait pas qu'on pût s'apitoyer sur son sort. Officiellement, il ne sera donc question que d'«arthrite aiguë». qui ne donnera pas longtemps le change. Toutes les rumeurs, les plus fausses et aussi, malheureusement, les plus vraies, circuleront bientôt, franchissant les mers.

Pendant les longs jours d'inactivité qui précéderont l'opération, elle fait des courses, se promène, lit, se repose. Et continue à sourire. Elle s'occupe aussi à transformer la chambre de son père en salle de musique. Myra Hess tient à lui prêter un de ses pianos à queue, un excellent Steinway, qui remplacera avantageusement le Cramer droit gagné à Manchester vingt-trois ans plus tôt, et qui n'en peut plus.

Kathleen entre à l'hôpital le 9 avril 1951, pour être opérée le lendemain. On peut se demander pourquoi quinze précieux jours de plus ont été ainsi perdus : quatre semaines se sont écoulées depuis sa découverte du kyste…

Selon l'expression consacrée, l'opération est parfaitement réussie. À ceci près que, si la tumeur a bien été enlevée et si sa convalescence est spectaculaire, des métastases ont été localisées, qui vont nécessiter quelque six semaines de séances quotidiennes de rayons.

On ne le lui révélera qu'après qu'elle aura fêté son trente-neuvième anniversaire, assistée de Win et de Bernie, dans sa chambre d'hôpital transformée en magasin de fleurs, dégustant champagne et huîtres (envoyés par Myra Hess) en compagnie de quelques amis qu'elle sidère par sa bonne humeur, son entrain, sa gaieté : il y a là Gerald Moore et sa femme, Benjamin Britten, Peter Pears, Emmie Tillett, d'autres encore, qui partageront avec elle un superbe gâteau d'anniversaire spécialement confectionné à son intention par le cuisinier de l'hôpital.

Elle rentrera à Frognal Mansions au début du mois de mai ; mais jusqu'à son départ en convalescence dans le Sussex à la fin du mois, elle devra retourner chaque jour à l'hôpital pour les séances de radiothérapie.

La première chose qu'elle a faite en arrivant chez elle a été de se précipiter dans sa nouvelle salle de musique, pour essayer sa voix : elle constate avec bonheur qu'elle est là, intacte. « Lucky Kaff » !

Alors elle retrouve vraiment son moral. Mais depuis l'annonce brutale du cancer, sa force de caractère a bien été digne d'une solide fille du Lancashire : elle a fait preuve d'une sorte d'acceptation sereine, sans la moindre plainte à quiconque, ni mauvaise humeur, ni révolte, réagissant au contraire au premier signe de découragement ou de tristesse, ne retenant en toute chose que les éléments positifs, fussent-ils mineurs. Malade d'une docilité exemplaire, son égalité d'humeur souriante lui a attaché tout le personnel hospitalier – et a réconforté ses proches.

Ce comportement sera constant, même lorsque plus tard la maladie récurrente brisera peu à peu sa résistance physique. Bernie dira : « C'eût été une insulte que d'essayer de la réconforter… Kath jouissait de la vie dès son réveil, et s'extasiait en buvant le thé de son petit déjeuner… Elle n'accordait pas d'importance à ses malaises, pourtant fréquents. Si elle avait la possibilité de les combattre, elle s'y employait avec intelligence ; mais autrement elle attendait qu'ils passent, en se forçant à penser à autre chose. Elle disait que la maladie apprenait à faire la différence entre ce qui avait de l'importance et ce qui n'en avait pas. »

Et Gerald Moore, qui est allé souvent la voir à l'hôpital, de renchérir : « La maladie, qu'elle avait acceptée non seulement avec stoïcisme mais avec bonne humeur, lui avait fait acquérir une sorte de philosophie fondée sur un sens extraordinaire de la hiérarchie des valeurs. »

Kathleen elle-même écrira à John Newmark le 22 mai : « Je continue à aller chaque jour à l'hôpital pour les rayons… je n'ai eu que quelques nausées de temps à autre, alors que la plupart des gens ne les supportent pas (les rendant très malades, anémiés, suicidaires). Aussi je me sens fière, et en en voyant le bout je me requinque un peu plus chaque jour. »

Cette même lettre rappelle incidemment qu'un rationnement alimentaire sévère existait encore en

Angleterre en cette année 1951, six ans après la fin de la guerre, avec par exemple une seule ration de viande par semaine par habitant ! Malgré ce régime ascétique, elle reprend du poids.

Elle passera sa convalescence à peindre la campagne du Sussex, en compagnie de Bernie qui, bien entendu, ne la quitte plus.

Elle s'est mise à la peinture depuis quelques années : sans jamais avoir appris, elle manifeste là aussi des dons évidents. Ce sera un heureux dérivatif à ses pensées, qui peuvent n'être pas toujours parfaitement sereines. Mais elle profite intensément de ses vacances, et les photos de cette époque (telle celle reproduite en couverture du présent ouvrage) la montrent rayonnante.

Pourtant ces trois mois d'inaction professionnelle commencent à lui peser : avec la bénédiction de ses médecins, elle se prépare à remonter sur scène. Ce sera le 19 juin 1951, à l'Albert Hall, dans la *Messe en si* de Bach : le public la retrouve, apparemment inchangée, plus belle que jamais, et la voix plus somptueuse encore.

Cette reprise de contact achève de la rasséréner, elle se sent prête à retrouver le rythme antérieur de ses concerts, dont elle n'a plus modifié le calendrier. Pour elle, l'épreuve est passée.

Kathleen s'envole, accompagnée de Bernie, pour le Festival de Hollande : à sa descente d'avion à l'aérodrome d'Amsterdam, elle aperçoit un petit groupe de photographes et de porteurs de fleurs, et demande ingénument à Peter Diamond, venu d'accueillir, quelle personnalité est attendue. Il a du mal à la convaincre qu'ils sont là pour elle – c'est elle dorénavant la vedette à qui sont destinées les fleurs, que photographes et caméras des actualités suivent jusqu'à sa voiture. Elle en est stupéfaite ; mais la simplicité de son comportement n'en sera en rien affecté. « Sa tête n'a jamais enflé », dira Peter Pears.

Ce qui est d'autant plus remarquable que, comme le soulignera très justement John Barbirolli, elle avait dû s'adapter sur tous les plans à un niveau de qualité de vie que, par la force des choses, elle n'avait jamais connu depuis sa naissance. Ni sa nature profonde, naturellement heureuse, ni ses qualités de cœur n'en seront si peu que ce soit changées. Sans doute la dureté de ses apprentissages, à la Poste, puis du métier pendant les années de guerre dans les camps militaires et au milieu des ouvriers d'usine, avait conforté son côté terrien et sa chaleureuse spontanéité.

Le 6 juillet, à Amsterdam, elle retrouve le rôle d'Orphée, chanté à nouveau quatre fois, comme pour fermer la mauvaise parenthèse ouverte peu après les représentations de ce même opéra en ces mêmes lieux six mois plus tôt.

Les représentations alternent avec des récitals et deux concerts importants : la *Deuxième Symphonie* de Mahler et les *Kindertotenlieder* avec Otto Klemperer (de fort méchante humeur, et qui la terrorise : « Je déteste travailler avec lui », confiera-t-elle à John Newmark) et la *Messe en si* dirigée par Georges Enesco, autrement civil.

C'est un programme bien lourd, moins de trois mois après une opération aussi sérieuse que celle qu'elle a subie : elle rentre à Londres épuisée. Ses douleurs de dos se sont réveillées… et on lui prescrit une nouvelle radiothérapie.

Mais elle repart : le 22 juillet elle chante la *Rhapsodie* de Brahms à Brighton, le 26 les *Chants sérieux* à Liverpool, le 27 et le 28 elle est à Kings Lyon, dans le Suffolk (*Cantate 102* de Bach, et *Messe de Nelson*, de Haydn, avec Krips, plus un récital) et le 29 à Birmingham pour redonner à la BBC le concert Bach-Haydn de la veille.

XII

La douleur d'Orphée

À dire vrai ce n'est qu'à force de volonté qu'elle a pu honorer tous ses engagements. Son dos la fait de plus en plus souffrir : tout escalier, le seul fait d'entrer dans une voiture ou d'en sortir sont autant d'épreuves douloureuses, qui nécessitent qu'on l'aide.

De retour à Londres dans un état de fatigue alarmant en cet été 1951, elle admet qu'il lui faut revoir son programme des mois à venir. Si pour rien au monde elle ne veut remettre en cause sa participation au Festival d'Édimbourg au début de septembre avec deux musiciens, avec deux êtres qui comptent pour elle plus que jamais, Bruno Walter et John Barbirolli, elle renonce la mort dans l'âme à la grande tournée américaine qui devait débuter à la fin de ce même mois de septembre. Une lettre à John Newmark, du 1er août, donne la mesure de sa déception, malgré sa réserve coutumière : il est devenu, en dépit de l'éloignement, très proche d'elle et elle se confie à lui dans une correspondance régulière qui témoigne, au reste de part et d'autre, d'une profonde et confiante affection.

Bien que Kathleen prenne un mois entier de repos (dont quelques jours passés avec John et Evelyn Barbirolli à se promener dans la campagne), ces trois concerts au Festival d'Édimbourg l'éprouveront physiquement. Mais musicalement les deux récitals avec Bruno Walter et surtout le concert avec Barbirolli (Chausson, qu'elle craindra le matin même ne pas pouvoir chanter, tant elle est ankylosée) seront superbes.

Barbirolli s'émerveille de constater que malgré la maladie – dont personne encore, même ses proches, ne soupçonne vraiment la gravité –, malgré la brutalité des traitements qu'elle doit subir, malgré l'oisiveté à laquelle elle a été condamnée pendant trois mois, malgré la douleur qu'elle éprouve de façon quasi permanente (mais dont son visage ne porte encore aucune marque), sa voix et son art n'ont pas cessé de s'épanouir. Elle donne ainsi superbement le change, et sa seule présence apporte un démenti patent aux pires rumeurs...

Elle profite de la présence de Pierre Bernac au Festival pour revoir avec lui – et Francis Poulenc au piano – le *Poème* de Chausson : «une expérience inoubliable», dira Bernac.

Ces concerts d'Édimbourg, suivis d'une série de récitals à travers l'Angleterre, débouchent cependant sur une fatigue qui inquiète ses médecins : ils insistent pour qu'elle ralentisse son rythme d'activités. Elle ne s'inclinera, contrainte et forcée, qu'après avoir donné encore plusieurs concerts qui lui tiennent à cœur : Chausson encore, toujours avec Barbirolli, à Nottingham le 27 septembre, puis la création le 2 octobre à Manchester de *The Enchantress* qu'Arthur Bliss a écrite pour elle, enfin *Le Chant de la Terre* le 12 octobre avec Basil Cameron.

Elle annule ensuite tous ses concerts jusqu'à la fin de l'année, à l'exception de celui qu'elle donne le 16 novembre à Manchester avec « Tita ». Enfin, elle consacre deux jours de décembre à enregistrer des chansons du folklore pour Decca.

Pendant ce temps, les propositions affluent. L'une d'elles est venue de Bayreuth, pour lui proposer de chanter Brangaëne au prochain Festival : elle est surprise, flattée… mais elle n'envisage pas de se lancer dans une telle aventure, et sa première réaction est de décliner cette prestigieuse invitation. Alors elle reçoit une lettre personnelle de Walter Legge, revenant à la charge, et dans des termes propres à ébranler la plus grande détermination :

Je suis de nouveau chargé par Wieland Wagner et Herbert von Karajan de vous persuader, de vous cajoler, de vous convaincre pour que vous acceptiez leur invitation. Au besoin de vous kidnapper, de vous séquestrer, de vous corrompre ou même de vous faire chanter (comme si c'était possible) afin que vous soyez Brangaëne avec eux l'été prochain. Depuis que Tristan est programmé pour 1952, c'est notre vœu et notre espoir à tous de vous voir tenir ce rôle, vocalement et dramatiquement fait pour vous. Tout ce qui pourra vous faciliter les choses et vous rendre le Festival agréable sera fait. Si vous avez besoin de parfaire votre allemand avant le Festival, Elisabeth et moi sommes à votre disposition, et nous serions heureux que vous habitiez chez nous si cela pouvait vous rendre la vie plus facile…

Brangaëne à Bayreuth, avec Karajan (et accessoirement Martha Mödl en Isolde et Ramon Vinay en Tristan), sans parler de l'insistance déployée, quelle consécration ! Et tout de même quelle tentation ! Depuis le premier Festival d'Édimbourg, en quatre ans, quel chemin parcouru ! Elle en a parfois le vertige… Six représentations sont prévues entre le 22 juillet et le 25 août 1952, les répétitions commençant dès le 25 juin. Elle aime ce rôle, qui va bien à sa voix… Mais elle se sent si mal à l'aise en scène que cette perspective lui gâche d'avance son plaisir musical. Évidemment si c'était Bruno Walter ou « Tita », elle n'hésiterait sans doute pas.

Elle refusera en fin de compte : sauf pour *Orphée*, elle continue à appréhender l'opéra au point qu'elle n'envisage pas sérieusement d'autre entorse à sa règle en la matière… De toute façon, elle se sent trop fragile pour s'engager dans une affaire aussi lourde et d'aussi longue haleine. Mais elle en a beaucoup de regret ; plus tard peut-être, quand elle aura retrouvé toutes ses forces…

Heureusement elle reçoit dans le même temps une compensation qui lui apporte une grande joie : Columbia, rendant sa politesse à Decca, a enfin accepté de « prêter » Bruno Walter pour l'enregistrement du *Chant de la Terre*. Sans hésiter, elle donne aussitôt son accord pour le mois de mai suivant, à Vienne.

Au reste, le repos auquel elle s'est astreinte lui a permis de reprendre des forces. Elle participe gaiement au milieu d'amis aux fêtes de fin d'année, avant d'apparaître sur la scène de l'Albert Hall le 7 janvier 1952 pour interpréter les *Chants sérieux* de Brahms sous la direction de Malcolm Sargent.

Le 13, elle doit chanter le Chausson au Royal Festival Hall, dirigé cette fois par Gaston Poulet ; mais le matériel d'orchestre envoyé de Paris se révélant être celui de la version pour soprano, Kathleen accepte d'être accompagnée au piano pour sauver le concert. On appelle au secours Gerald Moore – avec qui elle part précisément le lendemain pour plusieurs récitals en province. Cette tournée sera suivie d'une autre série de concerts, mais cette fois avec Pears et Britten, qui se terminera le 3 février à l'Albert Hall.

Leur programme mêle Schubert, des chansons du folklore anglais (où Kathleen et Peter rivalisent parfois de cocasserie) et *Abraham et Isaac* (Cantique II), une œuvre écrite par Britten pour eux trois – mais que malgré tous ses efforts il ne parviendra pas à enregistrer avec Kathleen.

Au rythme de quelque quatorze concerts en à peine plus de trois semaines de déplacements de ville en ville, ses « rhumatismes » se manifestent à nouveau, et de façon si aiguë qu'elle doit annuler la tournée qui devait la mener en février et en mars en France, en Allemagne et en Suisse. Pourtant, le 11 février elle passe une radio et note : « Parfait »… Est-ce un pieux mensonge ?

On lui prescrit cependant une nouvelle radiothérapie, à raison de trois séances par semaine.

Et si elle est appelée à chanter le 15 février 1952 pour les funérailles du roi Georges VI, elle ne donnera que deux concerts, à Londres, de tout le mois de mars.

Elle sera ainsi d'attaque pour assurer les huit concerts prévus avec Barbirolli entre le 10 avril et le 11 mai : *Gerontius, le Messie,* cinq fois *Le Chant de la Terre,* la *Rhapsodie* de Brahms, dans les grandes villes du centre de l'Angleterre.

C'est avec « Tita » et sa femme qu'elle fêtera, heureuse, le 22 avril après avoir chanté l'œuvre de Mahler à la radio, son quarantième anniversaire.

Le 13 mai 1952, elle s'envole avec Bernie pour Vienne, où Bruno Walter l'attend : six jours ont été prévus pour l'enregistrement du *Chant de la Terre* (avec le ténor Julius Patzak) couronné par une exécution de l'œuvre en concert.

Elle y sera admirable, ovationnée par le public et par l'orchestre. Mais à Bruno Walter, éberlué, elle demandera tout de même avec humilité en sortant de scène, après ce concert du 17 mai dans la grande salle, comble, du Musikverein de Vienne : « C'était bien ? »

Le lendemain est consacré à l'enregistrement des *Ruckert Lieder,* toujours de Mahler, également prévus dans l'accord Columbia-Decca.

Ce jour-là, il faudra que Kathleen fasse un énorme effort pour se rendre au studio, tant son dos la fait souffrir. Elle a pourtant appris à vivre avec ces douleurs, désormais chroniques et dont les accès aigus la laissent pantelante. Mais dès qu'elle peut les surmonter, la voix est là, peut-être plus chaude, plus émouvante que jamais, comme enrichie encore par la souffrance.

Si les deux premiers lieder sont assez rapidement « dans la boîte », le troisième, *Um Mitternacht*, demandera un nombre impressionnant de « prises », dont aucune n'est techniquement satisfaisante : la grande montée crescendo qui termine le lied, où la voix doit affronter le déchaînement du Philharmonique de Vienne et l'éclat de ses cuivres, demande au disque un équilibre sonore que les techniciens mettent un long temps à réaliser. Elle exige de la soliste une puissance vocale et une réserve de souffle que Kathleen, fatiguée par ces trop nombreux essais, n'arrive plus à trouver quand il faut enfin passer à l'enregistrement proprement dit…

Cette séance est dramatique, et laissera à tous ceux qui l'ont vécue, la gorge nouée, le souvenir d'une angoisse à peine supportable.

Kathleen lutte désespérément contre elle-même. Souffrant au moindre geste, elle laisse même échapper un cri – qui pétrifie l'orchestre et son chef – en se levant pour se traîner jusqu'au micro… Mais malgré ses efforts, aucune prise n'est entièrement satisfaisante : il faudra jongler au montage.

Kathleen ne peut s'y résoudre : elle réclame une dernière prise. Elle insiste ; et elle finira par l'obtenir en dépit des réticences de tous, devant son manifeste épuisement.

Alors, rassemblant toutes ses forces, se dépassant, elle donne l'une de ses plus belles interprétations – celle qui a été gravée, telle quelle, sans que l'auditeur puisse soupçonner un instant ce qu'il a pu lui en coûter.

« Ça a été dur », murmure-t-elle seulement en s'appuyant sur Bernie, sous les applaudissements conjugués de l'orchestre et des techniciens, et sous le regard ému de Bruno Walter, avant de se rasseoir, épuisée mais rassérénée.

Le lendemain 21 mai, un peu reposée, elle prend l'avion avec Bruno Walter, qui s'arrête à Zurich, tandis qu'elle continue sur Londres : ils se disent au revoir dans l'aéroport. Ce sera un adieu.

Après trois jours de repos absolu, elle rejoint John Barbirolli à Newcastle pour une nouvelle exécution du Chausson, avant de le retrouver le 3 juin à Londres pour *Gerontius*, puis à la fin de juillet pour mettre au point la traduction en anglais de l'*Orphée* de Gluck : le projet de monter cet opéra pour elle à Covent Garden s'est en effet concrétisé. Quatre représentations en seront données au début du mois de février 1953, pour lesquelles Barbirolli a obtenu la collaboration du Sadler's Wells Ballet.

C'est un bel acte de foi de Sir John, et de l'administrateur de Covent Garden : en dépit de la version officielle, et de l'image inchangée qu'elle réussit à donner d'elle en public, la nature de la maladie de Kathleen Ferrier est désormais connue dans les milieux musicaux, même si personne encore, même parmi ses proches, n'en soupçonne la gravité.

Il a donc été décidé que l'opéra serait chanté en anglais, une nouveauté pour Kathleen qui l'a jusqu'ici toujours chanté en italien. Tout au long de l'été 1952, elle s'astreindra à apprendre ces nou-velles paroles qui d'abord la gênent, mais qu'elle finira par assimiler.

Après une semaine à Aldeburgh auprès de Benjamin Britten et de Peter Pears, qui ont fondé quatre ans plus tôt un Festival dans ce petit bourg du Suffolk sur la mer du Nord, elle passe l'été à la campagne (elle sera invitée en voisin à un dîner intime par la toute jeune reine Elizabeth) avant de reprendre le chemin du Festival d'Édimbourg, où l'attend d'abord Edouard Van Beinum pour *Le Chant de la Terre* le 28 août.

Elle y retrouve aussi « Tita » pour chanter sous sa direction quelques jours plus tard *Le Rêve de Gerontius* puis le *Messie,* après qu'elle eut participé à un concert consacré aux *Liebeslieder Walzer* de Brahms : des instantanés la montrent, belle et rayonnante, sans aucun signe extérieur de la mala-die qui la ronge, au milieu de ses camarades, Irmgard Seefried, Julius Patzak et Horst Günter, avec au piano les quatre mains de Clifford Curzon et de Hans Gäl.

Malgré les bruits qui courent, comment le public qui assiste à ces concerts pourrait-il se douter que chaque entrée en scène, chaque sortie, chaque salut est pour elle une épreuve… qu'elle sait surmonter avec le sourire, et une énergie farouche ?

Sans hésiter un instant, les organisateurs du Festival lui demandent d'ailleurs de signer un nou-veau contrat pour celui de 1953 : ce serait le sep-tième auquel elle participerait – l'âge même de ce Festival. Prudemment elle réserve sa réponse : elle ne veut pas s'engager aussi longtemps à l'avance, tant qu'elle ne sera pas sûre de son complet rétablissement.

Elle est ainsi amenée à refuser de nombreuses propositions qu'en d'autres temps elle aurait acceptées avec joie ; en outre, après son retour de Vienne, il a été décidé à la demande de ses médecins (qui l'assurent que sa guérison est en bonne voie, à condition qu'elle se ménage) qu'elle ne quitterait pas l'Angleterre pendant les mois à venir afin de pouvoir être sous surveillance médicale régulière.

Kathleen fera toutefois une légère entorse à cette règle en allant chanter *Gerontius* à Dublin le 26 octobre avec Barbirolli, avant d'interpréter trois jours plus tard à Manchester, toujours sous sa direction, les *Chants sérieux* de Brahms : ce sera la dernière fois qu'elle chantera ces deux œuvres.

Plus tôt dans le mois, elle a repris le chemin des studios, pour ce qui sera son dernier disque : quatre airs de Bach et quatre airs de Haendel accompagnés par Sir Adrian Boult à la tête du Philharmonique de Londres. Il y a là quelques moments d'une intensité d'émotion rare.

Parmi les concerts qu'elle donne encore, en moyenne tous les trois jours, elle chante le 4 novembre au Festival Hall de Londres *Frauenliebe und -Leben*, accompagnée par Gerald Moore. Le critique Neville Cardus, qui la connaît bien et qui l'admire, a pourtant été gêné par ce qu'il considère comme une espèce de maniérisme dans certaines de ses attitudes pendant ce cycle de

Schumann. Après avoir longuement hésité, il se décide à en faire état dans sa critique, par ailleurs très élogieuse. Mais il tient à écrire personnellement à Kathleen pour s'en expliquer.

La réponse qu'elle lui envoie, à ce stade de sa carrière, est étonnante de simplicité et de franchise. Elle termine sur ces mots, qui la révèlent tout entière : «Je ne pense pas que vous ayez été "méchant" – vous m'avez seulement fait réfléchir, et ça n'a jamais fait de mal à personne.»

Clemens Kraus, remplaçant Furtwängler tombé malade à la veille d'un concert à l'Albert Hall, demande à Kathleen de chanter au pied levé les *Kindertotenlieder*. Le matin du concert, le 17 novembre, elle se réveille avec une sorte de paralysie de la mâchoire ; elle parviendra à la faire céder à temps, mais elle a eu peur. Peur de ne plus pouvoir chanter.

La critique jugera son interprétation particulièrement émouvante ; ce sera la dernière fois qu'elle chantera ce cycle de Mahler, qu'elle a tant contribué à faire connaître, et dont l'enregistrement en studio, avec Bruno Walter, reste encore inégalé, un demi-siècle plus tard.

La semaine suivante, avec Richard Lewis et le London Symphony Orchestra, elle interprète aussi pour la dernière fois *Le Chant de la Terre* : Josef Krips, qui dirige, ne peut s'empêcher d'avoir les larmes aux yeux, tant ses accents dans *Abschied* sont poignants. Il y a plus que jamais dans cette voix, ample et chaude, qui sourd du plus profond de son être, sinon de son âme, comme une fragilité sous-jacente, à la limite de la cassure... qui ne se produit jamais, mais qui ajoute à l'émotion inquiète de l'auditeur.

Le 1ᵉʳ décembre, à la veille de partir – contre l'avis de son entourage, en ce rude hiver – pour chanter coup sur coup deux *Messie,* à Sheffield et à Manchester le 6 et le 7, elle rçcoit une lettre du premier ministre l'informant qu'elle va être faite « Commander of the British Empire » (CBE) : sans en tirer vanité, elle est fière de cette décoration, qu'elle fêtera au cours d'un réveillon chez les Barbirolli, avant de recevoir chez elle pour le dîner du 1ᵉʳ janvier 1953, assistée de Win et de Bernie, quelques couples d'amis chers – dont les Barbirolli encore, et les Moore.

Tous remarquent maintenant avec inquiétude que, malgré ses efforts, il lui arrive de boiter ; au reste, elle a de plus en plus de peine à monter les marches du perron extérieur et de l'escalier de Frognal Mansions.

Rien cependant ne semble pouvoir altérer sa gaieté ni son sens de l'humour. Après le *Messie* qu'elle a donné en cette fin d'année avec Barbirolli, celui-ci avait organisé pour elle un souper après le concert (il sait qu'elle ne se nourrit jamais avant le concert, mais qu'elle a besoin de se sustenter après la dépense physique que représente le seul fait de chanter ; il sait aussi qu'elle apprécie un bon vin, et que ses médecins lui ont recommandé de manger copieusement). Le repas en petit comité est particulièrement joyeux ; et elle stupéfie la tablée en se mettant ensuite au piano pour chanter une chanson fort leste, « avec un professionnalisme époustouflant », selon les termes mêmes de Barbirolli.

Exactement quinze ans séparent cet ultime *Messie* du premier que, toute timide amateur, elle avait chanté à Maryport en 1937, après avoir gagné le « Silver Rose Bowl » à Carlisle...

Avec la nouvelle année, il lui faut reprendre des séances de rayons à l'hôpital, qui la fatiguent : elle passe beaucoup de temps allongée chez elle, entre les répétitions d'*Orphée* qui ont commencé à Covent Garden, dont les guichets sont depuis longtemps fermés pour les quatre représentations annoncées.

Bien que chacun s'efforce de cacher son inquiétude, la question est dans tous les esprits : tiendra-t-elle, physiquement, vocalement ?

Mais dès qu'elle est en scène une sorte de miracle se produit : alors qu'elle marche avec de plus en plus de peine, elle se déplace sur le plateau sans difficulté apparente. Et sa voix est « sublime » aux dires de ceux qui ont assisté à la répétition générale, le 31 janvier.

La première a lieu le 3 février 1953, après deux jours de repos complet... sauf pour les séances quotidiennes de rayons, que son médecin n'a pas voulu interrompre.

En arrivant dans sa loge à Covent Garden, très en avance, elle trouve ce télégramme :

Nous éprouvons beaucoup de fierté et de joie à vous adresser nos vœux pour ce soir en accueillant à l'Opéra royal une si grande artiste britannique. Signé : L'Orchestre.

Elle est dans une forme vocale exceptionnelle, et d'une beauté radieuse. À quelques réserves près du *Daily Herald,* qui juge l'ensemble trop lent, la critique est magnifique. Elle atteint dans cette œuvre, à laquelle elle semble s'identifier, des sommets ; malgré son humilité, elle en est consciente. Et malgré la fatigue, elle rayonne de bonheur.

Kathleen mettra à profit les deux jours qui la séparent de la représentation suivante pour se reposer : aucune activité, aucune sortie, sauf pour les séances à l'hôpital.

Pourtant, au matin de la deuxième représentation, le 6 février, elle éprouve une appréhension qui ne la quittera pas jusqu'à son entrée en scène…

La première partie de la représentation se passe admirablement.

Mais peu après l'entracte, alors qu'elle est en scène, une douleur aiguë dans la jambe la paralyse soudain, l'obligeant à s'appuyer sur un élément de décor. Elle ne bougera plus, chantant ainsi jusqu'à sa sortie de scène, sans que sa voix faiblisse, sans que son visage exprime autre chose que la douleur, puis la joie retrouvée d'Orphée.

John Barbiroili au pupitre, ses camarades en scène, ses proches dans la salle, comprennent aussitôt qu'il s'est passé quelque chose de grave. De la nacelle où elle est suspendue au-dessus de la scène, Adele Leigh, qui chante l'Amour, ne peut rien faire. Mais Eurydice (interprétée par Victoria Dunne) bousculant la mise en scène, s'approche d'elle – qui murmure : « Victoria, j'ai trop mal ! » Improvisant des gestes plausibles, elle la soutiendra, puis l'aidera à sortir lentement de scène :

Kathleen aura gardé jusqu'au bout une telle noblesse de port, et une telle maîtrise vocale, que le gros du public ne se doute pas un instant du drame qui s'est produit devant lui.

Malgré une douleur si intense qu'elle en a des nausées, elle fera l'effort de revenir saluer, soutenue par ses partenaires, souriante sous l'interminable ovation et les innombrables « rideaux ».

Mais quand il se baisse enfin, elle s'évanouit : on lui fait, sur la scène même, une piqûre de morphine, avant de la porter dans sa loge, où elle revient à elle.

Ses partenaires sont autour d'elle, bouleversés. Car telle est sa gentillesse constante avec tous ses camarades, telle est son aura, qu'elle a toujours suscité de leur part une attirance, une admiration souvent muée en affection spontanée. Un tour de force dans ce milieu sans indulgence, où la jalousie, la méchanceté et la médisance sont monnaie courante.

Elle forcera encore un peu plus leur estime en faisant l'effort de recevoir, assise et toujours souriante, la foule de ses amis et admirateurs qui ont envahi les coulisses, devisant avec chacun, sans effort apparent…

C'est ainsi que la trouve sa sœur, angoissée par ce qu'elle a perçu de la salle, et maintenant stupéfaite. Quand enfin, l'interminable défilé tari, elles se retrouvent seules, Win lui demande : « Qu'est-ce que je peux faire pour toi ? », Kathleen répond simplement : « Fais venir une civière. »

On la ramène à Frognal Mansions où, dès le lendemain, une équipe volante vient lui faire une radio : le fémur s'est fendu, et ouvert. Elle est aussitôt hospitalisée.

Un communiqué de la Direction de Covent Garden annonce le jour même l'annulation des deux dernières représentations d'*Orphée*, et leur remplacement par *Aida* et *Fidelio* (il n'était pas question d'envisager une doublure de Kathleen Ferrier) : « Ce changement de programme est nécessité par la crise d'arthrite aiguë dont souffre Miss Ferrier, due au surmenage causé par les répétitions et les deux premières représentations de l'Opéra, et qui exige un traitement immédiat. »

Avec l'accord de Kathleen, qui est furieuse de faire défaut à Barbirolli et au public, il est annoncé que les deux représentations seront reportées au mois d'avril : elle a hâte de pouvoir remonter sur scène, et elle ne doute pas d'être rétablie dans ce laps de temps. Ses médecins l'en assurent.

Elle restera sept semaines à l'hôpital.

Avec le temps qui passe, elle se rend compte, désespérée, qu'elle ne pourra pas reprendre ses activités de sitôt : *Orphée* est reporté *sine die*.

Tous ses engagements pour les mois à venir sont annulés, y compris une tournée en Rhodésie qu'elle se réjouissait de faire avec Barbirolli. Sans parler des nombreux contrats qu'elle doit refuser : un concert à la Scala avec Toscanini, l'enregistrement de la *Messe en si* avec Karajan, un récital au Festival de Prades, etc.

Les escaliers de Frognal Mansions lui étant désormais impraticables, il lui faut un appartement d'accès facile. Win le trouvera dans un petit hôtel particulier non loin de là, au 40 Hamilton Terrace :

c'est une ravissante et calme allée bordée d'arbres et de maisons à un ou deux étages ouvrant par-derrière sur des jardinets.

Après avoir visité les lieux, transportée de l'hôpital en ambulance, Kathleen loue la partie de l'hôtel ouvrant sur l'un de ces petits enclos de verdure, planté d'un saule pleureur, que son amie Ruth Draper fera remettre en état, et fleurir, par une escouade de jardiniers avant son arrivée, le 4 avril.

On l'installe au rez-de-chaussée, de plain-pied avec le jardin; les chambres du premier étage seront pour Win et Bernie.

Elle fêtera là, avec ses plus fidèles amis, son quarante et unième anniversaire.

Elle pourra à nouveau se tenir debout, faire quelques pas (elle montera même un jour explorer l'étage), mais elle passe tout de même le plus clair de ses journées dans un fauteuil roulant, qu'on mène sous le saule dès que le temps le permet.

Elle s'est remise à la peinture, quand elle ne reçoit pas de très nombreuses visites, offrant alors à ses visiteurs l'image d'un courage tranquille et de sa bonne humeur habituelle.

Le photographe Douglas Glass en profite pour venir faire des portraits d'elle : pour la première fois on y perçoit combien elle est touchée.

Elle accédera cependant au vœu de la princesse Margaret en se rendant fin avril à un dîner chez ses amis Hamilton, de l'autre côté de la rue. Mais elle a présumé de ses forces : prise de malaise, elle devra quitter la table et rentrer chez elle.

Le 19 mai, elle passe des radios, qui ne sont pas bonnes : on ne le lui cache pas. Il semble qu'elle ait alors pris conscience de la gravité de son mal.

Elle sera d'ailleurs hospitalisée à nouveau quelques jours plus tard, le 22 mai : après ces quelques semaines paisibles sous son nouveau toit, pressent-elle qu'elle n'y reviendra pas ?

On commence un nouveau traitement et, brusquement, son état empire : le 2 juin on la croit perdue... Elle se remet pourtant, au point que ses médecins pensent qu'une ovariectomie s'impose, qui pourrait encore enrayer la progression du cancer. Elle accepte, et supporte bien l'opération, mais se rend avec tristesse à l'évidence : il lui faut renoncer au récital prévu en septembre au Festival d'Édimbourg avec Bruno Walter. Celui-ci, refusant par amitié pour Kathleen de la remplacer ou de changer son programme, annulera en définitive le concert.

Les témoignages d'admiration, de fidélité, d'affection lui sont prodigués de toutes parts. C'est à l'hôpital, après avoir reçu en février sa décoration de CEB, que lui sera remise au mois de juillet la Médaille d'Or que la Royal Philharmonic Society a décidé de lui attribuer – une distinction réservée aux plus grands (Brahms, Gounod, Casals, Elgar, Toscanini, Prokofiev, Barbirolli, etc.) et qu'aucun chanteur n'a obtenue depuis 1914.

À la fin du mois de juillet, après avoir reçu en consultation un spécialiste américain, il est décidé de tenter une nouvelle, une ultime opération : l'ablation des deux glandes surrénales devrait au moins supprimer la douleur qui la torture, et l'épuise. Elle accepte tout, avec une résignation sereine qui serre le cœur de ses proches. Pour cette nouvelle opération, qu'elle subit le 27 juillet, elle a été transférée au Westminster Hospital.

Au bout d'une semaine d'isolement complet en service de réanimation (même Bernie n'est pas autorisée à la voir), elle retrouve un peu de force. Et la morphine, qu'elle refuse autant qu'elle le peut, calme ses douleurs jusqu'à ce que, effectivement, l'opération ait eu le résultat espéré : pendant quelques semaines elle ne souffrira plus.

Elle peut à nouveau recevoir ses amis, triés sur le volet, auxquels elle montre un visage marqué mais souriant, avec pourtant des traces fugitives d'indicible tristesse dans le regard. Mais elle fait preuve d'un moral étonnant, continuant à ne retenir que le bon côté de toutes choses, et s'en réjouissant : «Lucky Kaff» est une expression qui revient souvent dans ses propos, dans ses lettres. Dans l'une des dernières qu'elle pourra écrire, on peut lire : «Je fais le compte de mes bonheurs…» Elle a accepté son destin, quel qu'il soit. Mais elle n'a pas encore perdu tout espoir.

Malheureusement la douleur reviendra, bientôt aussi aiguë qu'auparavant. Et avec elle le déclin de ses forces, qui lui ôte ce qui pouvait lui rester d'illusions.

Une certaine «foi» secrète l'aide-t-elle à faire face ? Elle ne s'est jamais préoccupée de religion, et ne montrera à aucun moment qu'elle souhaite s'en rapprocher. Mais dans un hommage qu'il lui rendra, Bruno Walter écrit :

Je n'ai jamais parlé de religion avec Kathleen, et je ne sais donc pas si l'intensité expressive de ses interprétations de Bach ou de Haendel traduisaient une foi profondément ancrée ou simplement sa compréhension instinctive du sens de leur musique. Mais je puis dire ceci : quand elle chantait ce genre de musique religieuse nous n'entendions pas seulement l'exécution d'une artiste accomplie, pas seulement l'interprétation idéale de l'œuvre d'un compositeur, ou d'un texte. Elle traduisait une inspiration qui ne pouvait venir que d'une source autrement plus profonde que le plus grand talent...

Vers la fin du mois de septembre, elle demande à retourner dans «son» hôpital (University College Hospital) où elle connaît tout le personnel, qui l'entoure avec un dévouement et une affection qu'elle doit à sa simplicité, à sa gentillesse, inaltérées depuis son premier séjour, voici plus de deux ans – «Lucky Kaff!»

Un bref moment elle s'y sentira mieux. Et elle se reprend à espérer. Au point que Win, exténuée, pense pouvoir partir quelques jours pour se reposer.

Quarante-huit heures plus tard, Bernie doit la rappeler d'urgence.

Un léger mieux à nouveau... mais la maladie progresse, inexorablement. Elle ne pourra bientôt plus bouger.

Puis elle aura du mal à parler. Mais elle sait encore sourire – «Lucky Kaff».

Elle ne reçoit plus de visites – elle-même, épuisée mais lucide, refuse de donner le spectacle de sa déchéance : «Tita» sera l'un des rares qu'elle voudra voir jusqu'à la fin. Il vient chaque jour quand il est à Londres, et quand elle est assez bien pour le recevoir.

Les jours passent, avec leur dose croissante de souffrance ; Bernie et Win se relaient jour et nuit à son chevet.

Une seule fois elle se laissera aller, avouant dans un souffle combien elle souhaiterait mourir dans son sommeil...

Au matin du 8 octobre 1953, elle ne se réveille pas.

«Lucky Kaff» avait quarante et un ans.

En 1952, *une rose nouvelle a été baptisée* Kathleen-Ferrier, *en hommage à son talent et à sa beauté : fleurs en bouquets d'un rose légèrement saumon, s'épanouissant pour laisser apparaître un cœur clair. Un parterre de ces rosiers recouvre sa tombe au Golders Green Crematorium à Hampstead Heath, au nord de Londres.*

On en trouve des spécimens un peu partout dans le monde. À Paris, par exemple, un pan du mur qui borde au sud le Jardin des Présentateurs du parc de Bagatelle en est recouvert.

Deux Fondations perpétuent le souvenir de Kathleen Ferrier, grâce à la générosité de son public et aux droits provenant de la vente de ses disques :

– Kathleen Ferrier Cancer Research Fund, *créée dès 1953 à l'initiative de John Barbirolli, Hamish Hamilton, Myra Hess, Laurence Olivier, Benjamin Ormerod et Bruno Walter, a permis d'importantes contributions à la recherche contre le cancer, en liaison avec le University College Hospital et la Middlesex School of Medecine ;*

– Kathleen Ferrier Memorial Scholarship Fund, *administrée par The Royal Philharmonic Society, distribue chaque année des bourses d'étude à de jeunes chanteurs de nationalité britannique, ou venant du Commonwealth. Parmi les bénéficiaires de ces bourses (décernées à partir de 1956, et auxquelles la firme Decca a un temps contribué à partir de 1978), on relève les noms d'Elizabeth Harwood, Sheila Armstrong, Margaret Price, Felicity Palmer, Yvonne Kenny, Keith Lewis, Ann Dawson, Bryn Terfel, etc. Transformé en* Kathleen Ferrier Awards, *ce concours est dorénavant également ouvert aux étrangers ayant fait au moins deux ans d'études musicales en Grande-Bretagne.*

Discographie

De nos jours la discographie d'artistes renommés
évolue constamment, et rend vaine toute référence pré-
cise, hormis aux compositeurs, à leurs œuvres et à leurs
interprètes d'une part, aux firmes éditrices d'autre part.
C'est sur ces bases qu'avec l'aide précieuse de Rémy
Stricker – que je tiens à remercier chaleureusement – a
été établie la discographie de Kathleen Ferrier, à la date
de parution de cette biographie.

En 1992, Decca (qui a réalisé l'essentiel de ses enregistrements) avait publié un coffret de 10 CD regrou-
pant tous ses enregistrements antérieurs, augmenté de
quelques inédits : ce coffret n'est plus disponible en tant
que tel, même si la plupart de ses éléments le sont par
ailleurs.

D'autre part de nouveaux enregistrements, généralement de concerts publics, ont été retrouvés ou retra-
vaillés, et publiés depuis lors par divers labels. Parmi
ceux-ci, une mention particulière doit être faite pour le
récital enregistré dans les studios de la RAI de Milan le
6 février 1951 et publié en 2002 par la firme Tahra sous
le titre «Hommage à Kathleen Ferrier» : si le programme de ce récital est identique à celui de Montréal,
édité naguère par Rodolphe, et si un accident à la
matrice originale perturbe l'écoute du lied de Schubert
Lachen und Weinen, la qualité de reproduction de la voix

de Kathleen Ferrier est sans doute la plus remarquable à ce jour.

Pour faciliter la lecture de cette discographie, la firme éditrice est précisée chaque fois qu'il ne s'agit pas de Decca.

★

JEAN SÉBASTIEN BACH

Passion selon saint Matthieu (intégrale)
   Elsie Suddaby, Eric Greene, William Parsons,
   Henry Cummings
   Jacques Orchestra, Bach Choir
   Reginald Jacques

   Irmgard Seefried, Walther Ludwig,
   Otto Edelmann, Paul Schöffler
   Wiener Symphoniker, Wiener Singverein,
   Herbert von Karajan
   (Foyer)

Messe en si mineur (intégrale)
   Elisabeth Schwarzkopf, Walther Ludwig,
   Alfred Poell, Paul Schöffler
   Wiener Symphoniker, Wiener Singverein
   Herbert von Karajan
   (Foyer)

   Suzanne Danco, Peter Pears, Bruce Boyce,
   Norman Walker
   Boyd Neel Orchestra, BBC Chorus
   Georges Enesco
   (BBC Legends)

Cantates BWV 11 et BWV 67
   Ena Mitchell, William Herbert, William Parsons
   Jacques Orchestra, Cantata Singers,
   Reginald Jacques

Airs

« Qui sedes » (Messe en si mineur)
« Agnus Dei » (Messe en si mineur)
« Buss und Reu » (Passion selon saint Matthieu)
« Es ist vollbracht » (Passion selon saint Jean)
   London Philharmonic Orchestra
   Sir Adrian Boult

« Have mercy on me » (Passion selon saint Matthieu)
   Nottingham Symphony Orchestra
   Sir Malcolm Sargent

« Vergisst mein nicht » (BWV 505)
« Ach, das nicht die letzte Stunde » (BWV 439)
   Millicent Silver

« Bist du bei mir » (Stoelzel, attribué à Bach)
   John Newmark

LUDWIG VAN BEETHOVEN

Neuvième Symphonie
   Isobel Baillie, Heddle Nash, William Parsons
   London Symphony Orchestra
   Bruno Walter
   (Bruno Walter Society)

LENNOX BERKELEY

Four poems of St Teresa of Avila
   String Orchestra
   Arnold Goldsbrough
   (BBC Records)

JOHANNES BRAHMS

Rhapsodie pour alto, chœur d'hommes et orchestre
   London Philharmonic Orchestra and Chorus
   Clemens Kraus

   Orchestre symphonique et Chœur de la Radio danoise
   Fritz Busch
   (Danacord)

Four Serious Songs (en anglais, orchestration Sargent)
  BBC Symphony Orchestra
  Sir Malcolm Sargent

Vier ernste Gesänge
  John Newmark

Liebeslieder Walzer
  Irmgard Seefried, Julius Patzak, Horst Günter
  Clifford Curzon, Hans Gäl

Lieder
« Immer leiser wird mein Schlummer »
« Der Tod, das ist die kühle Nacht »
« Botschaft »
« Von ewiger Liebe »
  Bruno Walter

« Von ewiger Liebe »
« Wir wandelten »
  Phyllis Spurr
    (Danacord)

« Botschaft »
« Sapphische Ode »
  Phyllis Spurr

« Gestillte Sehnsucht »
« Geistliches Wiegenlied »
  Phyllis Spurr, Max Gilbert (alto)

« Liebestreu » (en anglais)
« Feinsliebchen » (en anglais)
  Gerald Moore
    (EMI)

« Auf dem See »
« Es schauen die Blumen »
« Der Jäger »
« Ruhe Süssliebchen »
  Frederick Stone
    (BBC Records)

« Sonntag »
  Accompagnateur non identifié
    (Rodolphe)

FRANK BRIDGE

« Go not, happy day »
  Frederick Stone

BENJAMIN BRITTEN

The rape of Lucretia (extraits)
  Peter Pears, Joan Cross, Otakar Kraus,
  Edmund Donlevy, Owen Brannigan,
  Margaret Ritchie, Anna Pollak
  English Opera Group Orchestra,
  Benjamin Britten
  (IGI)

Spring Symphony
  Jo Vincent, Peter Pears
  Concertgebouw Orchestra
  The Boy's Choir of St Willibrorduskerk, Rotterdam
  The Netherlands Radio Choir
  Eduard Van Beinum

Chansons anglaises

« Come you not from Newcastle »
  Frederick Stone

« O Waly, Waly »
  Phyllis Spurr

ERNEST CHAUSSON

Poème de l'Amour et de la Mer
  Hallé Orchestra
  Sir John Barbirolli

WILLIAM ELGAR

The dream of Gerontius (« My work is done »)
  Gerald Moore
  (EMI)

« Land of Hope and Glory » *(Pomp and Circumstances)*
   The Trumpeters & Band of The Royal Military School
   of Music
   Hallé Choir & Orchestra
   Sir John Barbirolli
   (BBC Legends)

HOWARD FERGUSON

« Discovery »
   Ernest Lush

CHRISTOPH WILLIBALD GLUCK

Orphée (intégrale)
   Greet Koeman, Nel Duval
   Netherlands Opera Orchestra and Chorus
   Charles Bruck
   (EMI)

Orphée (extraits)
   Ann Ayars, Zoë Vlachopoulos
   Southern Philharmonic Orchestra
   Fritz Stiedry

« Che faro » *(Orphée)*
   London Symphony Orchestra
   Sir Malcolm Sargent

« What is life » *(Orphée)*
   Gerald Moore
   (EMI)

MAURICE GREENE

« O Praise the Lord »
« I will lay me down in peace »
   Gerald Moore
   (EMI)

Georg Friedrich Haendel

Airs
« O Thou that tellest good tidings to Zion » *(Messie)*
« He was despised » *(Messie)*
« Return, O God of Hosts » *(Samson)*
« Father of Heaven » *(Judas Maccabée)*
    London Philharmonic Orchestra
    Sir Adrian Boult

« Art thou troubled » *(Rodelinda)*
« Ombra mai fu » *(Xerxès)*
    London Symphony Orchestra
    Sir Malcolm Sargent

« Like as the love-lorn turtle » *(Atalanta)*
« How changed the vision » *(Admète)*
    Phyllis Spurr

« Spring is coming » *(Ottone)*
« Come to me soothing sleep » *(Ottone)*
    Gerald Moore
    (EMI)

« Where'er you walk » *(Semele)*
    Accompagnateur non identifié
    (Rodolphe)

Ludwig Irgens Jensen

« Altar » *(en norvégien)*
    Phyllis Spurr

Antonio Lotti

« Pur dicesti » *(Arminio)*
    Accompagnateur non identifié
    (Rodolphe)

GUSTAV MAHLER

Kindertotenlieder
   Wiener Philharmoniker
   Bruno Walter
   (EMI)

   Concergebouw Orchestra
   Otto Klemperer

Das Lied von der Erde
   Julius Patzak
   Wiener Philharmoniker
   Bruno Walter

   Julius Patzak
   Wiener Philharmoniker
   Bruno Walter
   (Tahra – *In Memoriam* **K. Ferrier –
   concert du 17 mai 1952)**

   Svet Svanholm
   New York Symphony Orchestra
   Bruno Walter
   (La Collection)

Rückert Lieder
« Ich bin der Welt »
« Ich atmet' einen linden Duft »
« Um Mitternacht »
   Wiener Philharmoniker
   Bruno Walter
Deuxième Symphonie « Résurrection »
   Jo Vincent
   Concertgebouw Orchestra
   Otto Klemperer

Félix Mendelssohn

Airs
« Woe unto them » (Élie)
« O rest in the Lord » (Élie)
   Boyd Neel Orchestra
   Boyd Neel

Duos
« I would that my love »
« Greeting »
   Isobel Baillie
   Gerald Moore
   (EMI)

Claudio Monteverdi

« Lasciatemi morire » (Arianna)
   Accompagnateur non identifié
   (Rodolphe)

Charles Parry

« Love is a bable »
   Frederick Stone

Giovanni Battista Pergolese

Stabat Mater
   Jean Taylor
   Boyd Neel String Orchestra, Nottingham Oriana Choir
   Roy Henderson

Henry Purcell

Airs
« Mad bess of bedlam » (arrangement Britten)
« Hark » (The Fairy Queen)
   Phyllis Spurr

Duos

« Sound the trumpet » (Come ye sons of art)
« Let us wander » (The Indian Queen)
« Shepherd, leave decoying » (King Arthur)
    Isobel Baillie
    Gerald Moore
    (EMI)

ROGER QUILTER

Quatre chants

« Now sleeps the crimson petal »
« The fair house of joy »
« To daisies »
« Over the mountains »
    Phyllis Spurr

EDMUND RUBBRA

Trois psaumes

n° 6 : « O Lord, Rebuke me not »
n° 23 : « The Lord is my Shepherd »
n° 150 : « Praise ye the Lord »
    Ernest Lush

FRANZ SCHUBERT

Lieder

« Die junge Nonne »
« Romance » (Rosamunde)
« Du liebst mich nicht »
« Der Tod und das Mädchen »
« Suleika »
« Du bist die Ruh »
    Bruno Walter

« Die junge Nonne »
« Gretchen am Spinnrade »
« An die Musik »
« Der Musensohn »
    Phyllis Spurr

« Rastlose Liebe »
« Wasserflut »
   Frederick Stone
   (BBC Records)

« Lachen und Weinen »
   Accompagnateur non identifié
   (Rodolphe)

« Ganymed »
« Du liebst mich nicht »
« Lachen und Weinen »
   Benjamin Britten

ROBERT SCHUMANN

Frauenliebe und Leben
   John Newmark
   (Grand Prix du Disque 1952)

Frauenliebe und Leben
   Bruno Walter

Lieder
« Volskliedchen »
« Widmung »
   John Newmark

CHARLES STANFORD

« The fairy Lough »
« A soft day »
   Frederick Stone

RALPH VAUGHAN WILLIAMS

« Silent noon »
   Frederick Stone

PETER WARLOCK

« Sleep »
« Pretty ring-time »
   Frederick Stone

HUGO WOLF

Lieder
« Verborgenheit »
« Der Gärtner »
« Auf ein altes Bild »
« Auf einer Wanderung »
  Phyllis Spurr

WILLIAM WORDSWORTH

« Red skies »
« The wind »
« Clouds »
  Ernest Lush

AIRS DU FOLKLORE ANGLAIS

« Ma bonny lad »
« The keel row »
« Blow the wind southerly »
« I have a bonnet trimmed with blue »
« My boy Willie »
« I know where I'm goin' »
« I will walk with my love »
« Willow, willow »
« The stuttering lovers »
« Have you seen but a whyte lillie grow ? »
« Ye banks and braes »
« Drink to me only »
« Down by the Salley Gardens »
« The lover's curse »
  Phyllis Spurr

« The fidgety bairn »
« Ca' the yowes »
  John Newmark

« Kitty my love »
  Frederick Stone

« The spanish lady »
  Accompagnateur non identifié
  (Rodolphe)

« The floral dance »
  Kathleen Ferrier
  (BBC Records)

« Silent night »
« O come all ye faithful »
  Boyd Neel Orchestra
  Boyd Neel

RÉCITAL
(à la RAI de Milan – 6 février 1951)

HAENDEL
  « Where'er you walk » (Semele)
  « Like as the love-lorn turtle » (Atalanta)
PURCELL
  « Hark » (The fairy Queen)
MONTEVERDI
  « Lasciatemi morire » (Arianna)
LOTTI
  « Pur dicesti » (Arminio)
GLUCK
  « Che faro » (Orphée)
SCHUBERT
  « Lachen und Weinen »
BRAHMS
  « Sonntag »
PARRY
  « Love is a babble »
STANFORD
  « The Fairy Lough »

  « Ca' the Yowes »
  « The Spanish Lady »
  Giorgio Favaretto
  (Tahra – Hommage à Kathleen Ferrier)

Ainsi apparaît la discographie a priori exhaustive de Kathleen Ferrier cinquante ans après sa disparition. Il n'est cependant pas impossible que de rares enregistrements de concerts soient encore retrouvés – par exemple le *Stabat Mater* de Dvorak, dirigé par Rafael Kubelik (février 1949), un récital de lieder avec Gerald Moore du 29 décembre 1950, le concert Bach (*Cantate 102*), Haydn (*Nelson Mass*) dirigé par Josef Krips à Birmingham (29 juillet 1951), ou encore cette autre version du *Chant de la Terre* avec Sir John Barbirolli, à Manchester en avril 1952, voire son concours au programme musical des funérailles du roi Georges VI, le 15 février 1952...

J. S.

Bibliographie

Kathleen Ferrier – A Memoir
   Hamish Hamilton
   Londres, 1954

The life of Kathleen Ferrier
   Winifred Ferrier
   Hamish Hamilton
   Londres, 1955

Glyndebourne
   Spike Hughes
   David and Charles
   Londres, 1981

Kathleen
   Maurice Leonard
   Hutchinson
   Londres, 1988

Ferrier – A Career Recorded
   Paul Campion
   Julia Mac Rae
   Londres, 1992

*Ouvrage composé en Plantin
par Dominique Guillaumin, Paris*